众创背景下高职院校实践育人共同体建设研究

李秀红　邹良影　陈敏青　著

中国水利水电出版社
www.waterpub.com.cn
·北京·

内 容 提 要

高等职业教育是高等教育的重要组成部分，在当今社会经济新常态、传统产业转型升级的背景下，高等职业教育面临着前所未有的机遇与挑战。本书以创业教育为切入点，通过创业教育引领来探索高职院校实践育人共同体的建设。

本书共五章内容，第一章为高职创业教育现状与趋势，第二章为高职教育理论与实践，第三章为高职院校实践育人探索，第四章为高职院校实践育人共同体建设现状及趋势，第五章为创业教育引领高职院校实践育人共同体建设。

本书可供广大高职教育研究者、高校教师、高校管理者、相关政府部门、大学生等群体阅读与参考。

图书在版编目（CIP）数据

众创背景下高职院校实践育人共同体建设研究 / 李秀红，邹良影，陈敏青著. -- 北京 : 中国水利水电出版社，2018.6（2024.1重印）
ISBN 978-7-5170-6613-2

Ⅰ. ①众… Ⅱ. ①李… ②邹… ③陈… Ⅲ. ①高等职业教育－社会实践－教学研究－中国 Ⅳ. ①G718.5

中国版本图书馆CIP数据核字(2018)第149063号

策划编辑：时羽佳　责任编辑：陈洁　加工编辑：白璐　封面设计：李佳

书　名	众创背景下高职院校实践育人共同体建设研究 ZHONGCHUANG BEIJING XIA GAOZHI YUANXIAO SHIJIAN YUREN GONGTONGTI JIANSHE YANJIU
作　者	李秀红　邹良影　陈敏青　著
出版发行	中国水利水电出版社 （北京市海淀区玉渊潭南路 1 号 D 座　100038） 网址：www.waterpub.com.cn E-mail：mchannel@263.net（万水） sales@waterpub.com.cn 电话：（010）68367658（营销中心）、82562819（万水）
经　售	全国各地新华书店和相关出版物销售网点
排　版	北京万水电子信息有限公司
印　刷	三河市兴国印务有限公司
规　格	170mm×240mm　16 开本　10 印张　122 千字
版　次	2018 年12月第 1 版　2024年1月第2次印刷
印　数	0001—2000 册
定　价	48.00 元

前　　言

面对“大众创业，万众创新”“中国制造2025”“互联网+”“一带一路”等社会经济新常态、传统产业转型升级、形成以智能制造为主攻方向的新格局，高等职业教育面临前所未有的机遇与挑战。高等职业教育是高等教育的重要组成部分，兼具“高等性”与“职业性”。其中，“职业性”更加强调实践能力的培育，如何培育实践能力，从实践育人实施主体看，实践育人共同体的建立是一条可行举措。那么在新时代、新背景、新要求下，如何建设高职院校实践育人共同体，就是本书要探讨的主要问题。

本书以创业教育为切入点，通过创业教育引领来探索高职院校实践育人共同体的建设。本书共五章，第一章高职创业教育现状与趋势，从制度、高校、会议和竞赛等层面分析了我国创业教育实践情况，分析了高职创业教育存在的问题，预测了高职创业教育将呈现特色化趋势，新技术应用趋势，全员化、全程化、专业化趋势。第二章高职教育理论与实践，分析了高职教育内涵、发展历程、定位、特性，列举了国内外高职教育实践探索情况，提出高职教育发展内涵化、国际化、信息化、全民化、终身化、特色化等趋势。第三章高职院校实践育人探索，分析了实践育人内涵、意义，国外高校实践育人情况，列举了不同类型的高职院校实践育人案例，从高职院校、保障机制、考核评价机制等层面分析了高职实践育人存在的不足。第四章高职院校实践育人共同体建设现状及趋势，分析了高职院校实践育人共同体内涵、特征、理论基础以及必要性，总结了高职院校校企协同、校政协同、校社协同实践育人共同体建设的经验，提出了高职院校实践育人共同体建设的五种趋势：专业建设为基准趋势、政校企社合作趋势、创新创业教育引领趋势、国际化合作趋势以及结合地方文化趋势。第五章创业教育引领高职院校实践育人共同体建设，提出整合社会资源、挖掘高校特色服务高职实践育人共同体建设，树立典型创业案例带动高职实践育人共同体建设。

本书系2017年教育部人文社会科学研究专项任务项目（高校思想政治工作）“众创背景下高职院校实践育人共同体建设研究”（17JDSZ3038）的研究成果。课题组深入研究调查，收集了大量素材，分析了相关问题，在书中集中总结了高职创业教育、高职实践育人、高职实践育人共同体建设的情况，分析了高职创业教育、高职教育、高职实践育人共同体建设等趋势，提出一些观点、建议、对策，希望它的出版能为高职教育、高职实践育人、创业教育、高职院校实践育人共同体建设提供可资借鉴的经验，能供广大高职教育研究者、高校教师、高校管理者、相关政府部门、大学生等群体参阅。本书在撰写过程中参阅了大量的资料，引用了一些专家学者的观点以及研究成果，在此诚挚地向他们表示衷心的感谢，由于时间仓促以及笔者水平有限，书中肯定还存在许多不足之处，请专家、学者、同仁、读者批评指正。

著 者

2018年04月

目　录

第一章　高职创业教育现状与趋势

1989 年 11 月，联合国教科文组织在北京召开的“面向 21 世纪国际教育发展趋势研讨会”上提出“创业教育”的教育理念，又称“第三本教育护照”。自此，创业教育在我国逐步发展，尤其是在高等教育领域，发展速度比较快，如黑龙江大学的“系统化模式”、中南大学的“通识教育+强调实践模式”、中央财经大学的“精英创业教育模式”、清华大学的“通识教育+部分与专业结合+大赛模式”、温州大学的“课程+模拟实践模式”，以及众多职业技术学院的“基于创业的就业指导+创业实验+延伸创业模式”。近年，在国家大力提倡“大众创业，万众创新”和大力推进职业教育发展的大背景下，高等职业院校创业教育又呈现出多种发展模式，比如温州职业技术学院提出的新技术应用创新创业教育，温州科技职业学院提出的现代农业创业教育等，这些教育模式都有一个共同点就是紧紧围绕专业特点开展创业教育，目标是促进人才培养。多年的发展，形成了一些创业教育的理论与实践的成果。

第一节　创业教育发展与实践

创业教育是一种新的教育模式，有学者认为创业教育是开发和提高学生创业精神、创业能力、创业行为等创业素质，培养创新、创优、创业等三创型人才的教育思想和教育实践。本书认为创业教育是培养学生创新创业能力的一种教育模式，是基于人的全面发展而开展的教育，而不能仅仅被认为是教人如何创业的教育。当创业教育在各高校中开展的时候，有些学者就认为高校是不适合开展创业教育的，认为创业教育是一种教人如何创业的教育，而创业又不是能教得会的，在此情况下，很多高校的创业教育都只是学生工作部门在主抓，开展一些大学生的创业竞赛等活动，在一些创业教育学者的推动下，最近几年创业教育得到了一定的发展，特别是国家层面一直在推进大学生创新创业教育工作。

一、政策层面推进创业教育

我国创业教育开始的时间相对于欧美国家较晚，大概是在 1988 年，胡晓风在合川县进行生活教育整体试验的基础上，提出了创业教育思想。1991 年，我国作为联合国教科文组织“创业教育”项目的成员国，在基础教育阶段试点创业教育，由原国家教委基础教育司组织北京、江苏、湖北、辽宁、河北、四川五省一市参加了联合国教科文亚太地区办组织的“提高青少年创业能力的教育改革合作项目”，进行创业教育研究和实验。当时，创业教育在中国 6 个省市、20 个县乡和 30 多所学校的实验研究取得了一定的成绩，从理论与实践两个层面有力地推动了创业教育的开展。但是这项实验未能推广和坚持下去，因而没有成为全国教育改革的主流。1997 年，中国联合国教科文组织全国委员会与国家教委职教所在西安举行了“小企业创业技能课程开展研讨会”。1998 年，教育部将开展创业精神教育列入相关文件。1999 年，教育部在发布的《面向 21 世纪教育振兴行动计划》中明确提出“要加强对教师和学生的创业教育，鼓励他们自主创办高新技术企业”。2001年2月，教育部印发的《关于中等职业学校德育课课程设置与教学安排的意见》（教职成〔2001〕2号）提出开展创业教育。2002年4月，教育部高等教育司在北京召开了普通高等学校“创业教育”试点工作座谈会，此次座谈会上，在高等教育领域提出“创业教育”的概念，将“创业教育”作为一种理念，这种理念要贯穿于高等教育的课堂教学及课外活动，主要是通过课程体系、教学内容、教学方法的改革，以及第二课堂活动的开展，不断提高学生的综合素质，增强学生的创新意识、创造精神和创业能力。同时强调通过开设课程、资助资金、提供咨询等方式使学生具备自己开办企业的能力。2007年10月，胡锦涛同志在中国共产党十七大报告明确提出“实施扩大就业的发展战略，促进以创业带动就业”。从政策上明确提出要以创业带动就业，把创业教育发展的重要性提升到一个新的高度。2010年，教育部印发《关于大力推进高等学校创新创业教育和大学生自主创业工作的意见》（教办〔2010〕3号），指出“在高等学校开展创新创业教育，积极鼓励高校学生自主创业，是教育系统深入学习实践科学发展观，服务于创新型国家建设的重大战略举措；是深化高等教育教学改革，培养学生创新精神和实践能力的重要途径；是落实以创业带动就业，促进高校毕业生充分就业的重要措施”。并从“大力推进高等学校创新创业教育工作；加强创业基地建设，打造全方位创业支撑平台；进一步落实和完善大学生自主创业扶持政策，加强创业指导和服务工作；加强领导，形成推进高校创业教育和大学生自主创业的工作合力”等四方面进行部署，有效推动高校创新创业教育发展。2012年，教育部印发了《普通本科学校创业教育教学基本要求（试行）》，其中指出，各地各高校要按照要求，结合本地本校实际，精心组织开展创业教育教学活动，增强创业教育的针对性和实效性。通过创业教育教学，使学生掌握创业的基础知识和基本理论，熟悉创业的基本流程和基本方法，了解创业的法律法规和相关政策，激发学生的创业意识，提高学生的社会责任感、创新精神和创业能力，促进学生创业就业和全面发展。并对创业教育的教学原则、教学内容、教学方法和教学组织等提出要求，把创业教育的发展提升到国家战略层面。自2014年开始，教育部每年发布的《关于做好全国普通高等学校毕业生就业的通知》标题中加入"创业"，同时在《通知》中强调创业教育的重要性，并进行全面的部署，有效地推进了高校创业教育发展。2014年9月，夏季达沃斯论坛上李克强总理提出"大众创业，万众创新"的号召，2015年在政府工作报告中提出："推动大众创业、万众创新，既可以扩大就业、增加居民收入，又有利于促进社会纵向流动和公平正义。"2015年，国务院办公厅印发《关于深化高等学校创新创业教育改革的实施意见》（国办发〔2015〕36号），提出要"坚持创新引领创业、创业带动就业，主动适应经济发展新常态，以推进素质教育为主题，以提高人才培养质量为核心，加快培养规模宏大、富有创新精神、勇于投身实践的创新创业人才队伍"。同年，国务院办公厅印发《关于发展众创空间推进大众创新创业的指导意见》（国办发〔2015〕9号）指出："以营造良好创新创业生态环境为目标，以激发全社会创新创业活力为主线，以构建众创空间等创业服务平台为载体，有效整合资源，集成落实政策，完善服务模式，培育创新文化，加快形成大众创业、万众创新的生动局面。"《国务院关于大力推进大众创业万众创新若干政策措施的意见》指出："把创业精神培育和创业素质教育纳入国民教育体系，实现全社会创业教育和培训制度化、体系化。加快完善创业课程设置，加强创业实训体系建设。加强创业创新知识普及教育，使大众创业、万众创新深入人心。加强创业导师队伍建设，提高创业服务水平。”2017 年，人力资源和社会保障部出台《关于支持和鼓励事业单位专业技术人员创新创业的指导意见》，鼓励结合专业技术创新创业。在政策层面，单单为推动高职院校创业教育的文件目前还没有特意出台，主要还只是涉及所有高校的文件。

二、高校层面推进创业教育

创业教育在实践层面，我国还是做了一些有益的探索的，1998 年，清华大学率先为 MBA 开设了创新与创业管理方向专业，其中包括 8 门课程，即“创业管理”“创业投资”“新产品开发”“项目管理”“企业家精神与创新”、“技术创新管理”“知识产权管理”“技术创新与制度创新”。同年，清华大学还组织了第一届清华大学大学生创业计划竞赛，并获得了成功，拉开了我国实施创业教育实践的序幕。同年，清华大学还成立了创业研究中心。清华大学的实践为我国高校开展创业教育做出了有益的探索实践。2002 年，教育部高等教育司确定了以清华大学、中国人民大学、北京航空航天大学、上海交通大学、武汉大学、西安交通大学、南京财经大学、西北工业大学、黑龙江大学共 9 所高校为大学生创业教育试点院校，给予这些高等院校政策和经费方面的支持，探索我国高校学生创业教育的发展模式，开展大学生创业教育。高校创业教育进入试点阶段后，这 9 所高校根据自身的条件探索适合自身发展的创业教育模式，分别建立了不同的创业教育模式。第一种是以中国人民大学为代表的模式，强调创业教育“重在培养学生创业意识，构建创业所需知识结构，完善学生的综合素质”，将第一课堂与第二课堂结合起来开展创业教育，鼓励学生创造性地投身于各种社会实践活动和社会公益活动中，通过开展创业教育讲座，以及各种竞赛、活动等方式，形成的以专业为依托，以项目和社会为组织形式的“创业教育”实践群体；第二种模式是以北京航空航天大学为代表，以提高学生的创业知识和创业技能为侧重点，建立大学生创业园，教授学生如何创业，并为学生创业提供资金资助以及咨询服务，成立了“创业管理培训学院”，专门负责与学生创业有关的事务；第三种是以上海交通大学为代表的综合式创业教育模式，在专业知识传授过程中注重学生基本素质的培养，为学生提供创业所需的资金和必要的技术咨询；第四种是以南京经济学院为代表的模式，采取课堂教学与创业实践相结合的形式，将培养学生的创业意识和创业能力结合起来；第五种是以黑龙江大学为代表，自2002年起开始实施全校范围内的创业教育，在总学分中设立创业教育必修学分8学分，将创业教育落实整合到学校人才培养的教学计划当中；第六种是以武汉大学为代表，从2003年起推出的“三创”教育模式，即用“创造、创新、创业”的新教育理念指导教学实践，并随后制定了《武汉大学深化创新创业教育改革实施方案》，在课堂教学中渗透和实施创业教育，引进“创新学分制”，培养学生创业精神和创业能力。

三、依托会议、竞赛等推进创业教育

从创业教育在全国层面推进的情况看，创业教育主要由创业会议、创业竞赛以及创业支持项目来呈现。

1. 各类创业会议

2003年9月，南开大学国际商学院、南开大学MBA中心主办了“首届创业学暨企业家精神教育研讨会”，来自全国50余所院校的80多位专家教授和成功企业家围绕创业管理、企业成长、中小企业、企业家精神、创业教育等主题开展了深入研讨。2005 年 7 月，由清华经济管理学院、斯坦福大学、加利福尼亚大学伯克利分校联合举办的“创业教育亚洲会议（REE Asia）”在清华大学召开，来自世界各地的 52 所大学的专家学者就创业教育在各地的发展状况、创业教育课程和案例、亚洲创业教育的挑战和合作、中国 MBA 创业教育等问题展开深入探讨。2005 年 9 月，吉林大学主办了创新与创业国际学术会议，来自美国、日本、澳大利亚和国内著名大学的 13 位著名管理学者就创新和创业的前沿问题和热点问题作了专题报告并和与会代表进行了互动式的讨论。2006 年 8 月，联合国青年就业网络中国项目合作办公室年度总结会暨青年创业教育国际研讨会召开，相关国际组织、政府有关部门、国内外教育研究机构、青年就业服务组织的代表共 70 余人参加了会议。2007 年，中国高等教育学会分别在清华大学创业研究中心和位于成都的西南交通大学召开了创新创业教育座谈会。2008 年 1 月，中国高校创业教育与创新创业人才培养模式研讨会在黑龙江大学举行，本次研讨会的主题是积极开展创业教育，培养创新创业人才，并就我国创新教育人才培养的方式和模式进行探讨。自 2009 年开始，每年召开由共青团中央、全国青联联合国际劳工组织主办的 KAB 创业教育年会，KAB 创业教育项目着眼于人才培养，着力提高大学生创业就业能力，凸显共青团组织的社会动员能力，发挥共青团开展素质教育的特长，为促进青年就业、创业作出了积极贡献。2011 年 10 月在浙江大学西溪校区召开了由联合国教科文组织浙江大学创业教育教席、浙江大学思高教育研究中心、意大利 Edulife 公司主办的“创业技能与课程建设”国际研讨会等。每年都有许多关于创业教育的各类会议在全国召开，形成了良好的氛围。

2. 创业项目

2003年11月，中国青年创业国际计划（Youth Business China，YBC）在北京成立。该项目在共青团中央、中华全国青年联合会、国家工商行政管理总局、原中国劳动和社会保障部、国家统计局、中华全国工商业联合会、威尔士王子国际商业领袖论坛、英国驻华大使馆等机构共同倡导下发起成立。该项目是瀛公益基金会旗下的扶持创业的教育性公益项目，参考总部在英国的“青年创业国际计划”扶助青年创业的模式，通过构建YBC公益创业体系，促进改善创业环境，动员社会各界特别是工商界的力量为青年创业提供咨询以及资金、技术、网络支持，为缺乏条件启动创业和发展企业的创业青年提供专业化的公益帮扶，以帮助青年成功创业。

2004年，原中国劳动和社会保障部与国际劳工组织合作开发了中国的“创办和改善你的企业”（START & IMPROVE YOUR BUSINESS，SIYB）创业培训项目。该项目是由国际劳工组织提供技术支持，英国国际发展部和日本劳动厚生省提供资助的国际合作项目。SIYB中国项目引进全套的SIYB培训技术，引进 SIYB 培训体系中的 “产生你的企业想法”（GYB）、“创办你的企业”（SYB）、“改善你的企业”（IYB）和“扩大你的企业”（EYB）四种培训课程，并建立了一批专业化师资队伍。

2005年8月，共青团中央、全国青联与国际劳工组织合作在中国开展KAB创业教育（中国）项目（简称“KAB 项目”）。这是共青团中央、全国青联通过国际合作推进中国创业教育发展的一项尝试，旨在吸收借鉴国际经验的基础上，探索出一条具有中国特色的创业教育之路。KAB项目目前已在全球30多个国家开展。其核心内容是国际劳工组织为培养大中学生的创业意识和创业能力而专门开发的课程体系，与已经在各国广泛实施的“创办和改善你的企业”项目（SIYB 项目）共同构成一个完整的创业培训体系。2006 年春夏季学期，KAB 项目在清华大学、中国青年政治学院、北京航空航天大学、北京青年政治学院、天津工业大学、黑龙江大学这 6 所试点院校中推行创业教育课程。该项目课程一般以选修课的形式在大学开展，学生通过选修该课程可以获得相应的学分。围绕该课程，学生还可以参加 KAB 创业俱乐部、创业大讲堂等课外实践活动。通过教授和操练有关企业和创业的基本知识和技能，该项目帮助学生对创业树立全面的认识和体验，切实提高其创业意识和创业能力，培养具有创业和创新精神的青年人才。

2014 年 11 月 26 日，联合国教科文组织中国创业教育联盟在中国杭州成立，联盟主席由浙江大学教育学院院长徐小洲担任。该联盟是联合国教科文组织亚太地区教育局根据联合国教科文组织创业教育联盟章程规定设立，旨在加强与国际组织、国内外学校、文化机构、企业的交流与合作，共同打造中国创业教育合作平台，大力推动中国创业教育、创业群体可持续发展，服务创业型社会的建设。联盟拟设四大行业板块：海归创业联合会、文化创业促进会、中国大学生创业促进会和创业学院，组织开展与国际组织、著名大学的合作与交流，举办创业与创业教育国际学术研讨会，开设创业大讲堂，开展国内创业沙龙、经验交流及公益性活动，组织国内外青少年创业创新夏令营、成人创业学习等创业教育活动，从而整合企业界、文化界、学生界和教育界的资源来推动创业经济和创业教育的发展。

3. 创业竞赛

目前，在全国有各类的创新创业竞赛，有结合专业的，也有专门针对大学生的，下文将列举几个被普遍认可的。一是挑战杯竞赛，即“挑战杯”全国大学生系列科技学术竞赛，该竞赛是由共青团中央、中国科协、教育部和全国学联、地方省级人民政府共同主办的全国性的大学生课外学术科技创业类竞赛，由“挑战杯”全国大学生课外学术科技作品竞赛和“挑战杯”中国大学生创业计划竞赛组成，这两个项目的全国竞赛交叉轮流开展，每个项目每两年举办一届。1989 年开始举办，以“崇尚科学、追求真知、勤奋学习、锐意创新、迎接挑战”为宗旨，促进青年创新人才成长、深化高校素质教育、推动经济社会发展，被誉为当代大学生科技创新的奥林匹克盛会。二是“互联网+”创新创业大赛，即中国“互联网+”大学生创新创业大赛，由教育部及有关部委和各地省人民政府共同主办，大赛旨在深化高等教育综合改革，激发大学生的创造力，培养造就“大众创业、万众创新”的生力军；推动赛事成果转化，促进“互联网+”新业态形成，服务经济提质增效升级；以创新引领创业、创业带动就业，推动高校毕业生更高质量创业就业。大赛采用校级初赛、省级复赛、全国总决赛三级赛制。自 2015 年开始举办以来，每一年举办一次。三是全国大学生电子商务“创新、创意及创业”挑战赛（简称“三创赛”），该竞赛是由教育部高等学校电子商务专业教学指导委员会主办，面向全国高校（含港澳台地区）举办的大学生竞赛项目，旨在激发大学生兴趣与潜能，培养大学生创新意识、创意思维、创业能力以及团队协同实战精神的学科性竞赛。竞赛分为校赛、省赛和全国总决赛三级赛制。四是关于高职院校层面的比赛，高职院校可以参与前三项全国性的比赛，但并不是以高职院校为主，以高职院校为主的全国性的创新创业大赛目前还没有，不过有地方性的，比如浙江省推出的高职高专“挑战杯”创新创业竞赛，由高职院校自行组队参加，目的在于推动高职高专院校的创新创业教育，培养创新创业人才。

第二节 高职创业教育的现状

高职教育作为我国高等教育的重要组成部分，承担着培养技术技能型人才的重任，近年来，随着我国“大众创业，万众创新”战略的推进，高职院校也一直在寻求结合自身的创业教育，以期培养高职创新创业人才，但是在此过程中，也面临着一些问题，主要表现在以下几方面：

一、高职创业教育目标定位模糊

虽然很多高职院校都开展了创业教育，但是对于其目标定位还是比较模糊，对创业教育的认识仅仅停留在表层上。有些高职院校认为开展创业教育只是为了解决大学生“就业难”的问题，或仅仅只是为了提高毕业生就业率，把创业教育当成教育或就业的一个环节，对创业教育深层次的认识不到位，创业教育的发展所带来的教育体制的根本性变革认识也不到位。思想是决定高校创业教育行动的根源因素，思想上的不重视就很容易导致高校对大学生创业实践的消极态度。高职院校开展创业教育目标模糊还表现在缺乏科学的创业理念上，相关职能部门和部分高职院校领导对创业教育的认识不到位，没有把创业教育当作一种新的教育理念，也没有把创业教育当作重要的就业政策来认识，甚至有些领导认为创业教育正是高职就业教育的一种补充，这种认识是不到位的、是非常片面的。

创业教育理念是开展创业教育的理论基础。目前，关于创业教育的理念有两种：一种是技能型创业教育；一种是素质型创业教育。所谓技能型创业教育是指主要是为了提升被教育者的创业技能，开展一些创业知识或创业技能的培训。技能型创业教育有其局限性，主要体现在：①目标定位局限。技能型创业教育仅把目标定位于缓解就业压力，教授学生毕业后能自主创业，带有一定的功利性取向，在一定程度上忽视了对学生进行创业素质、创业精神与品质等方面的培养，忽视了更重要的创业素质形成所需要的育人环境的建构；②教育对象局限。教育对象的局限性势必会影响创业教育的发展，从一定程度上讲，它还未称得上是一种教育，顶多是一种培训，因为教育的受众面应该要宽广得多；③教育体系局限。以缓解就业压力、创造更多就业岗位为目的的技能型创业教育仅是从应急的角度实施的功利主义教育形式，以致很多高校只将创业教育作为教学主渠道以外的一个附属部分，往往是由学工系统举办类似于讲座、论坛、创业计划比赛等活动来推行创业教育，局限于知识的传授，没有给学生足够的实践机会与发展空间，没有真正做到与专业教育相结合。而学生创业精神与素质的培养是一个长期持续的过程。欧美等国的创业教育组织更是提出创业是一个终身的学习过程。创业教育至少包括基础认知阶段、能力意识阶段、创新培养阶段、创业实践阶段和创业发展阶段等五个创业素质发展期。所谓素质型创业教育，我们可以概括为是指以提升学生综合素质为培养目标，以培养学生具有创业意识、创新精神、创业素质以及社会责任意识为主要任务的一种综合素质教育。

技能型创业教育势必游离于教学主渠道之外，并没有将其纳入正统的人才培养计划和体系之中，高职院校创业教育应该是素质型创业教育，是教育的一种模式，不能将创业教育的目标定位同高职院校本身以就业为导向紧密结合，扭曲了创业教育目标定位。也正是由于高职院校的自身的特性，更容易让人们忽略创业教育的真正内涵，高职院校往往将人才培养的目标定位为技术技能型人才，牢固树立了以就业为导向的理念，专业教育的过程中也是一再强调技能的培养，在此背景下，遇到创业教育的时候，往往会将创业教育当成技能教育的一种补充，作为就业的一种补充，以致在开展创业教育的过程中特别注重学生的创业技能的培养，比如通过创业竞赛、创业实践等手段来促进学生创业技能的提升，系统地设计创业教育就极少，把创业教育纳入人才培养主渠道的就更少了。因此，高职院校更要比普通高校认清创业教育的本质特点，以创业教育为引领，促进人才培养模式的改革，培养具有强烈创新意识、创业能力的高技术技能人才。

二、高职创业教育缺乏系统性

由于受高职创业教育目标定位模糊的影响，高职创业教育缺乏系统性，主要体现在以下三方面：

一是创业教育与专业教育相分离。虽然我国创业教育这几年得到快速发展，但是终究还是未纳入教学主渠道，主要还是学工部门在实践层面推进，主要原因是将创业教育与专业教育相分离。在高职院校层面，推进创业教育的主要力量在学工部门或创业学院，而专业教育的主推者则在教务处和各二级院系，由于推进的主体不一样，以致创业教育与专业教育相分离。另外就是由于人们的认识不到位，特别是校领导的认识不到位，认为高职院校最重要的还是做好专业教育而非进行创业教育。这是对专业教育与创业教育的认识不到位而导致的。

二是缺乏完整的课程体系。创业教育决不能脱离知识教育和专业教育而孤立地存在，高职院校创业教育的实施要通过开发一系列的创业教育课程，培养学生的创业精神和创业意识，作为增强学生创业能力的有效途径。创业教育课程并非局限于传统意义上的几门课程，而应该是一个系统的模块和多样化的内容，是创业教育理论和实践的糅合。从教材层面看，没有形成完整且权威的教材体系，创业教育发展至今，成熟且公认的教材还没有形成，很多高校或是使用国外教材或是自编教材，而编写教材的都是自己的教师，有些根本就没有创业经历。有些教材只是简单地将一些创业教育相关的创业案例进行简单地整合汇编成书，书中内容的逻辑性和系统性薄弱，理论分析不足，缺乏实际指导意义。没有一本权威的教材就会导致知识零散并且没有信服力，教师在教学上也无从下手。从课程内容看，有许多都是围绕创业技能提升的内容和创业意识方面的教育内容，着眼于学生创业素质能力等综合素质展开的内容比较少，结合专业教育的创业教育内容就更少了。从课程设置形式看，在创业教育实践过程中仅通过创业学院、团委、学生工作部门、就业指导部门等相应的机构来落实高校的创业教育课程，高职院校很少将创业教育归口教务部门管理，课程形式主要也是选修课或竞赛类、讲座等形式为主，很少纳入必修课程，有些举办创业精英班，也只是针对少数学生开展的，让创业教育大众化，让每一位学生都接受创业教育的目标显然远远未达到。从课程评价看，目前关于创业教育评估的研究比较少，主要有刘帆等人开发了本土化的 KAB 创业教育项目质量控制体系，李国平等人基于模糊综合评判方法，创业教育依然缺乏衡量创业教育质量的、较为全面的课程评价体系，创业教育的课程评价呈现出评价手段简单化、评价主体单一化、评价周期短期化等特点，缺乏科学完整的课程评价体系不利于对创业教育实施效果的科学评估，针对高职创业教育而言更是没有什么具体的课程评价体系。

三是创业教育实践问题。我国高职院校创业教育实践方面，主要存在的问题是学生的创业实践层次较低，在学校内学生的创业大部分是从事着没有技术含量的“摆地摊式”的创业，如售卖日用品、售卖水果、开个小店等。跟自己所学的专业是毫无关联的，诸如此类的很多。这种创业往往很难成长为企业，主要原因是没有核心技术、没有核心竞争力，即使一个未受过高等教育的人干这个活也能干得很好，有可能还更出色。没有跟专业相结合的创业实践对于大学生来说是没有意义的，大学里所学的专业知识完全不能运用到实践过程中，这也不利于专业的学习，而且从事的创业实践的层次相对而言也是非常低的，没有自己的核心竞争力是不可取的，但是目前很多大学生从事的就是这种低层次的创业实践活动。另外，创业教育实践类型比较单一，大多停留在创业教育实践的初级阶段，即在校内建立大学生创业园，给大学生提供创新创业实践的机会，但是主要还只是提供场地，后续的指导跟进都比较少，帮助孵化就更少了，学生在创业实践中真正达到成功创业、开办企业的成果则更是少之又少。学生缺乏相应的创业教育实践经验，也就很难掌握实战性的创业技巧和能力，缺乏一个学习从理论到实践、再到理论、再到实践这样一个循序渐进的学习过程，创业教育实践效果不佳。以目前在高校内广泛开展的创业计划大赛为例，很大一部分学生在参加创业计划大赛时的动机并不是为了成功创业或是为了提升自己的创业素质和技能，而仅仅是为了获得一个奖项和荣誉，对自己未来毕业后实施创业并没有什么想法，在创业计划大赛结束后，创业也就在这些学生的职业生涯中画上了一个句号。对于那些有创业园的高校，创业实践的效果也并不是很理想，由于受到资金、人力方面的制约，创业园区只能吸收到很小部分的学生在园区内进行创业实践。

三、高职创业教育缺乏保障机制

高职创业教育与普通高校的创业教育一样都面临着缺乏保障机制的问题，主要体现在以下三方面：

一是师资保障不足。教师在高职院校创业教育中起到举足轻重的作用，教师水平的高低直接决定着创业教育是否能够达到预定的培养目标。能承担起创业教育大任的教师，本身应具备创新创业意识、创新创业能力、创新创业的思维和技能，具有一流过硬的综合素质。目前，在我国各大高校中，特别是高职院校中创业教育师资队伍匮乏是一个突出问题，从事高职创业教育的教师主要都是由刚刚从高校毕业的教师、学校的行政人员或者是商科教育的教学人员组成，师资组成较弱，而且很多在校教师没有实战经验，在接受短期的相关知识培训后为学生授课，只能是"纸上谈兵"、勾画蓝图。课程内容和授课方式与传统的专业教育相似，对学生的教学往往流于理论讲解，知识的讲授多于实践经验，将创业教育课程化和学术化。不能从深层次上激发学生的创业欲望和创业热情，对学生创业意识和能力的培养也无从谈起。创业教育专业教师队伍建设需要一个较长的周期，在当前高校教师考评机制的引导下，教师没有动力从事创业教育教学与指导。创业教育对教师自身素质的高要求也是目前出现教师短缺的重要原因之一。

二是政策支持不足。虽然近年来，国家在全面推进创新创业工作，也出台了一些政策制度来推进，但是更多的是鼓励全社会创新创业，针对高校大学生的创业教育比较少，落实到高职院校层面就更加少了。政府也开始出台一些鼓励大学生创业和高校开展创业教育的政策，这些政策包括大学生可申请的一些小额无息贷款、大学生创业的税收优惠、高校对大学生的创业培训、创业指导等。但是由于这些政策衔接性较差，只能解决学生在创业中的局部问题，与创业教育开展较为成熟的国家相比，我国政府为创业教育发展所提供的政策支持依然十分有限。政府虽然在政策上开始鼓励开展创业教育，但目前对创业教育的财政投入不足，使得高校开展创业教育时缺少必要的资金因素，学校创业理论教育与创业实践教育的耦合效果则不能令人满意。此外，为大学生创业搭建融资平台、学校和企业相联系的相关机制等方面的工作做得仍然不足，还需政府进一步出台相关政策进行支持以促成我国高校创业教育运行所需的系统化的创效机制的建立。在高校支持创业教育的政策方面，我国高校对创业教育重要性的认识有所加强，各个高校也开始积极为大学生关于创业方面的基金和项目申报开始进行支持。但是这些高校和政府的支持政策衔接性不是很强，系统性差，并没有形成一个较为系统的大学生创业扶持体系。

三是资源整合不足。虽然近年各高校建立了创业园等平台，但是也仅仅局限于学校里面，社会层面为大学搭建的创新创业平台比较少，从资源的投入方面来看，我国创业教育的投入也主要来源于教育部门。然而，创业教育的开展和实施的特殊性不仅需要整合高校内部资源，更需要调动政府、企业和社会等多方面的资源为大学生创业搭建平台。目前，我国高校的社会资源利用度并不高，不仅在整个社会系统中，高校在创业教育中孤军奋战，即便是在高校内部，创业教育也远远没有形成合力，相当一部分学校从事创业教育的仅仅是学生管理或就业管理的人员，专业教学与研究群体的力量对此缺乏一致的共识，更缺乏统一的行动，众多的校内机构也仍然游离于创业教育之外。既没有把校内的资源很好地整合于创业教育，又仅仅局限于校内的封闭资源，没有充分调动政府、企业、社会组织的参与，利用社会资源来弥补学校资源的不足。再加上高职院校的地位，使得高职创业教育更是缺少相应的重视与支持。另外，受到资金条件等的限制，很多高校开展创业教育的教学条件和科研实验实施较差，对学生创新和创业基金方面，学校给予的支持非常有限。创业教育的发展仍需综合高校、学生、家长、政府、企业和社会等方面的力量才能真正形成合力，但是目前情况看，还未形成共识，很多家长希望自己的孩子在大学毕业后能够找到一份体面和稳定工作，相较于家长心目中的“铁饭碗”，认为创业是一个比较差的选择，往往父辈是创业者的，知道创业的艰辛，不愿意让自己的孩子再从事创业实践活动，这种心态和选择是一种社会文化现象，需要长期的政策性支持和配套措施逐步矫正，才能形成支持创业、支持创业教育的社会心理。除此之外，良好的社会环境的支撑能够为政府创业教育政策的完善、高校和企业创业教育互动机制的建立以及创业教育体系的构建起到良好的推动作用。目前我国社会上对创业的不正确认知以及传统的文化观念影响着创业教育的开展。社会上对高职教育存在着偏见，认为比较差的学生才去读职业教育，这种观念的影响还是很广泛的，高职院校开展创业教育更是不被社会所认可，认为是不务正业，高职院校就应该让学生学习好自己的专业，然后找份好工作即可，不应该开展创业，社会对创业教育支持的缺失也是创业教育发展中亟待解决的一个重要问题。

第三节 高职创业教育的趋势

创业教育是时代发展的需要，是引领高校改革的有效途径之一，能进一步改变高校教学目标的价值取向，昭示教育教学改革的新方向，转变高校只培养学术型人才的单一思路。转变高职院校只培养高技术技能型人才的单一思路。关于创业教育的研究也呈现出以下三方面特点：一是从共同性研究向专业化研究转变。学界对创业教育的整体研究逐渐细化，关注一些个性问题在我国创业教育发展中的重要作用，关注的内容更加专业、更加科学。二是呈现多元化的创业教育理念趋势。创业教育理念是关系到创业教育成功与否的关键因素，从个人层面讲，是转变了人的观念；从组织层面讲，是确定组织发展方向的关键因素，多元化的创业教育理念，就是要整合政府、学校、行业、企业等多方资源为创业教育服务，在创业课程、师资、实践、资金、政策等方面加大投入和改革，全方位提高创新创业教育水平。三是高校创业教育呈现特色化发展的趋势。很多高校都结合自身的特色开展创业教育，有结合农业特色的现代农业创业教育，有结合工科特色的新工科创业教育，也有很多学者从特色的视角开展创业教育的研究与实践，积累了一些经验。

我们从高校创业教育视角看，特别是高职院校创业教育的视角看，大学生创业教育主要呈现以下几个发展趋势。

一、高职院校创业教育呈现特色化趋势

高职院校一般都是地方院校，立足于地方，而每个地方都有自己的文化特

色，高职院校开展创业教育，要充分结合地方特色。我国的大学生创业教育从20世纪90年代中期开始，至今已有20多年的发展历程，从最初的少数试点院校到目前大部分高校都开设了创业教育课程，从最初的少数人了解到现在大部分人都想要了解并积极学习，创业教育正以一种强劲的生命力向各层次、各教育领域拓展延伸。特别是近年国家层面在大力推进“大众创业，万众创新”的大背景下，创业教育呈现出蓬勃发展的趋势。但是多年前，创业教育主要是“舶来品”，高校开展创业教育主要也是借鉴国外的创业教育实践情况，主要是照搬国外的创业教育模式，而这些模式由于国情、社情、学情都不一样，所以开展创业教育的方式方法也是不一样的，由于长期借鉴国外的创业教育经验，形成自己本土的创业教育特色的典型案例比较少。从本科（主要是应用型本科）层面看，有些高校积极探索结合学校、结合地方的创业教育实践，比如温州大学，植根于温州这片“创业热土”，结合温州与学校两大特点，自2002年开始探索实践创业教育，走出一条具有浓郁温州特色的创业教育之路，主要内容有：以培养“重实践、强创新、能创业、懂管理、敢担当”的高素质应用型人才为目标，立足区域独特地域文化，以大学生创新创业能力发展为核心，以创业教育与专业教育深度融合为主线，充分挖掘温州人创业精神，积极融合温州创业资源，以创新人才培养模式、优化课程体系、贯通人才培养环节为重点，构建“立足区域、分层分类、深度融合、协同递进”的创业教育生态体系，整合区域创业资源，强化多维协同，分别与政府、企业、金融机构、创业服务中介等精密联合，打造“校、企、政、产、金、介、创”多维协同与合作的创业教育生态链，同时，响应国家“一带一路”倡仪，加速创业教育国际化发展，全面推进创新创业教育工作，创新创业人才培养模式，为创新驱动发展战略提供人才保障和智力支持，经过十多年的改革与发展，温州大学形成了具有鲜明特色的创业人才培养模式，被誉为国内高校创业教育四大模式之一。形成了具有自身特色的创业教育模式。从高职院校看，温州科技职业学院结合自身“农”字特色，改革现代农业创业教育机制，构建“训、研、创、产”一体化的创业人才培养体系。该体系是指该校实施教育过程中以培养现代农业创业人才为目标，以学生实训、师生科研、创业教育、产业开发为核心内容，通过实践平台搭建、方案设计、举措实施，开展人才培养工作。“训、研、创、产”四者之间的相互作用、相互联系，又有层次性，具体详见图 1。

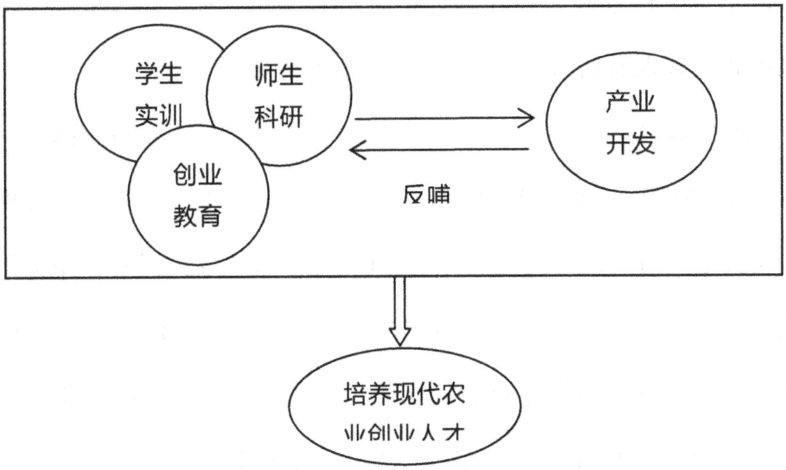

图 1 “训、研、创、产”关系图

（一）顶层设计：树立现代农业创业教育理念

涉农高职院校要顶层设计创业人才培养体系。首先，明确人才培养目标。紧扣现代农业产业发展需要，重塑人才培养目标，如温州科技职业学院确立以爱农业、懂技术、会创新、能创业的现代农业创业人才为学校人才培养目标。随之，各二级学院根据总目标，结合各专业特点设立不同人才培养子目标，如畜牧兽医专业提出培养畜禽养殖技术、大动物医疗技术创新创业人才；动物医学专业提出培养小动物医疗技术应用创新创业人才；宠物养护与驯导专业提出培养宠物养护技术以及驯导技术应用创新创业人才。其次，改革人才培养方案。如温州科技职业学院实施“平台教学、专业分流、岗位培养”的教学方案改革，要求每个专业在人才培养方案中开设创业课程，同时要求每门课都必须融入创新创业教育内容。学生在大三时期可以自主选择创业岗位方向，学校对其进行专门培养，同时允许其以创业实践来抵学分。第三，设计理论课程与实践课程体系。如温州科技职业学院将“训、研、创、产”内容融进教学理论课程和实践课程之中，“训、研、创、产”每个阶段与教学理论课程和实践课程阶段相对应，实现无缝对接。

（二）运行机制：建立“训、研、创、产”一体化农业创新项目

“训、研、创”三者既是独立运行主体，又有融合交叉，三者联合推进产业开发，变成生产力，同时，产业开发可以反促“训、研、创”。如温州科技职业学院学生实训由教务处牵头，组织开展学生实训教学活动；师生科研由科研处牵头，组织开展结合专业的“立地式”科学研究工作；创业教育由创业学院牵头，开展创业理论教育与创业实践指导；产业开发由温州科苑资产管理有限公司牵头，在每个二级学院设立子公司，让子公司结合专业、结合人才培养开展产业开发，比如子公司温州科苑农牧有限公司，其动物医院的宠物诊疗、牧场的畜禽养殖营销、宠物美容院的宠物美容及用品销售三大主营业务对应的动物科学学院的动物医学、畜牧兽医、宠物养护与驯导三大专业，具体详见图 2。

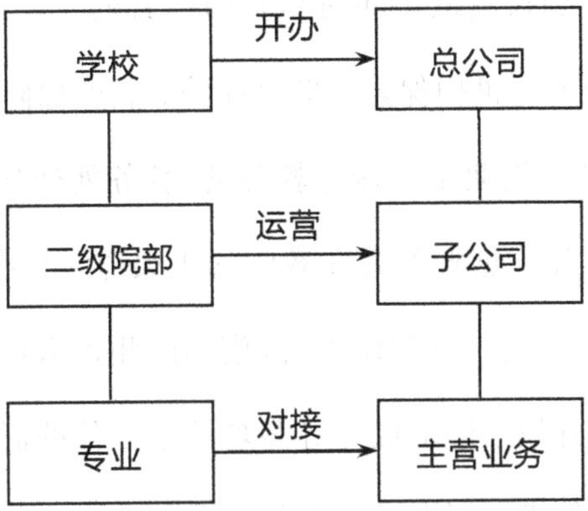

图 2　产业开发图

“训、研、创、产”一体化，以温州科技职业学院园艺技术专业蓝莓项目为例，首先，“训”，根据蓝莓项目实际情况，专业设计学习实践内容，学生实训学习蓝莓栽培技术等课程；其次，“研”，教师带着学生开展蓝莓品种选育，选择适合温州地区种植的蓝莓品种，深入开展研发工作；第三，“创、产”部分依托园林水利工程学院所属子公司开展蓝莓项目产业开发，主要有新品种的幼苗销售、蓝莓规模种植营销，而这些都是为了让参与项目的学生开展经营管理实践。又如设施农业专业也是如此来操作，陈同学、张同学等通过自己掌握的专业技术培育番茄、南瓜等作物，并运用互联网的销售模式，将自己亲自耕种的农产品通过网络平台销售，通过快递进行配送，他们表示要深耕农田，立志当现代农业创业者。再如动物医学专业学生在动物医院内实现“训、研、创、产”，学生在诊室、药房、前台、手术室、化验室、放射室等岗位开展实践，每位学生在每个岗位的时间有一定的限制，实施统一轮岗，这是“训”；教师与学生在动物医院开展动物疾病研究，这是“研”；依托动物医院产业开发，学生作为经营主体，这是“创、产”。

（三）保障体系：创设校政企共同参与的创新创业服务平台

体系运行保障机制有：机构保障、平台保障、制度保障。首先，机构保障，如温州科技职业学院设立创业学院挂靠教务处，教务处处长同时也是创业学院院长，在机构设置上保障了创业教育在教学的主渠道。其次，平台保障，如温州科技职业学院借力地方政府资源建平台，借力温州市人民政府建立了集教育科研、创业孵化、产业开发、休闲观光等多功能于一体的温州市种子种苗科技园，占地 1030 亩①，在其中划出学生现代农业创业实践区；借助部委、省及以上资源建设平台，科技部星创天地、浙江省小企业创业基地等平台落户温州科技职业学院。学校各二级学院自建“训、研、创、产”一体的实践平台，比如农业与生物技术学院建立市级大学生现代农业创业园、园林与水利工程学院建立现代农业创意园、动物科学学院建立动物医院，学生在全真环境中开展实训、研究、创业实践。第三，制度保障。出台推进创业人才培养系列制度，如温州科技职业学院出台《关于在人才培养中加强创业教育的指导性意见》等制度，在制度层面保障了经费、师资、场地等需要。

通过“训、研、创、产”一体化创业人才培养体系实践，温州科技职业学院涌现出了一大批创业典型，有技术创业的，如宠物医学专业毕业生杨同学，技术入股瑞安佳雯宠物医院，并成为该院的院长，完成了从技术骨干到企业老板的角色转变。有自主创业的，创立宠物美容院的宠物医学专业学生宫同学、包地种水果玉米的设施农业专业学生钱同学、创立苍南一生宠你宠物医院的畜牧兽医专业学生林同学、创立永嘉一佳宠物诊所的动物医学专业学生戴同学等。

① 1 亩约等于 666.67 平方米。

二、高职院校创业教育呈现新技术应用趋势

当前，我国经济发展进入了新常态，呈现出速度变化、结构优化、动力转换的态势，亟须提升劳动者素质，优化劳动力结构，厚植创新驱动根基。人口结构深度变化，老龄化加快、全面二孩政策对教育供给、布局和结构提出了新的要求。我们要清醒看到，我国高等职业教育还不能很好地适应这些新形势、新要求，结构不尽合理，质量有待提高，办学条件薄弱，体制机制不畅，人才培养特色不明显。高等职业教育亟须从供给侧和需求侧两端深化教育改革，提高教育质量。高职院校应从“为谁培养人、培养什么人、怎样培养人”的根本性问题出发，以“创新、协调、绿色、开放、共享”五大发展理念为引领，以学生与社会需求为导向，深化人才培养模式改革。同时，我们也欣喜地看到新一轮的教育综合改革在推进，职业教育得到空前的重视，创新创业教育被推到前所未有的高度，给予高职院校发展的最好契机。那高职院校培养什么样的人，如何培养人呢？在“大众创业、万众创新”和“互联网+”时代背景下，在国家深化供给侧结构性改革的社会背景下，聚焦新技术应用创业型创新人才培养，这必将成为我国高等教育的人才培养新方向，创新创业教育发展的新趋向。

新技术，一般是指在一定的时空范围内初次出现的，或是在原有技术基础上经过改进革新的技术。广而言之，新技术不仅包括各种新的工艺操作方法和新材料、新设备，还包括与之相关的新系统、新管理方式。技术创新一般分为两个阶段，第一阶段是科技人员进行创新研发，形成新技术。第二阶段是进行技术转化，将新技术转化成新工艺或新产品。那么，新技术应用属

于实现技术转化过程的第二个阶段，即将新技术转化成现实的新产品和现实的生产力的过程。新技术应用是高等职业教育类型特色的深化，并与创新型创业有着天然的亲合性。因此，提出新技术应用创业型创新人才的概念，目的在于通过新技术应用来培养创业型创新人才。新技术应用是高职院校开展创新创业教育的科学载体与手段，创新型创业人才培养蕴含在新技术应用的过程中。

以温州职业技术学院为例，学校以服务国家战略、服务区域发展为己任，坚持创新带动创业、创业促进就业，积极贯彻落实《国务院办公厅关于深化高等学校创新创业教育改革的实施意见》，探索创新创业教育体系，构建了新技术应用的创新创业人才培养模式。一是以创业学院为载体，建立校长直管创业教育的管理体系。成立创业学院，由校长直管，统筹全校创新创业教育工作。创业学院实行理事会领导下的院长负责制，学校聘请校内外与创业学院发展有重大关联的相关组织机构负责人担任理事会成员，理事长由校长担任，副理事长分别由分管教学、科研、学生工作的副校长担任，集中学校创新创业的要素、资源和管理，形成统一领导、齐抓共管、全员参与、全校师生共同关心支持创新创业教育的良好生态环境。二是完善创新创业顶层设计。将创新创业教育纳入人才培养方案，出台《关于进一步加强大学生创新创业工作的实施意见》《“新技术应用 2+1 创业实验班”人才培养方案》《大学生创业奖学金实施办法》等创新创业工作机制，细化学生创业管理规定，实行学分转换机制、弹性学制、保留学籍、休学创业等具体做法。三是打造创新创业工场的校园形态，从传统教室到教学工厂再到创新创业工场，校园形态发生了根本性改变。学校建立创客咖啡吧、青年创新工场、公寓师生交流室等新型服务平台，通过新建或改造升级技术研创大楼创新创业集聚区、创新创业工作室、电商孵化园、“训研创”孵化基地，构建了一批有效满足学生创新创业需求，具有专业化服务能力，同时又具有低投入、便利化、全要素、开放式的示范性众创空间。四是以创业教育为引领，实施“2+1”人才培养方案。“2”是指学生在所属系完成前两年专业课程学习，“1”是指第三学年转入创业学院，进行为期一年的创业课程学习与创业实践。五是组建“多元化”师资队伍。采用校内外聘用相结合的方式，组建了一支高素质、多元化的师资队伍。六是设计“四对接”课程体系，学校分别面向全体学生、有创业意愿的学生、已开展创业实践的学生构建了对接岗位、对接专业、对接产业、对接社会的“四对接”课程体系，设计了专业意识、前沿意识、市场意识“三个意识”的课程内容，开展了动手能力、创新能力、创业能力“三个能力”的实践教学。七是打造“训研创”实践教学体系，在原有“实训+科研”的基础上，建立“实训+科研+创新创业”一体的实训室，打造“训研创”一体化的实践教学体系，将原来的“做中学”“探中学”向“做中创”“探中创”延伸。“做中创”，即通过真实的综合实践项目、毕业设计的应用型课题、高水平技能竞赛等形式，将创业教育由个别学生向全体学生转变。“探中创”，即以研创大楼为依托，研发机构为学生提供开放实验室、加工车间、产品设计辅导、供应链管理服务和创意思想碰撞交流的空间，积极培育创业服务的新业态和新模式。八是以新技术应用为导向，建设众创空间，助推项目孵化，采用“三师三生”模式，探索培养实践。为激发学生创业兴趣，学校摸索出一套“三师三生”的人才培养模式。师研生随，教师为主体，学生当助理，以教师的科研项目带动学生参与研发。师导生创，学生为主体，教师给予技术指导，以科研创新培养学生的创业意识。师生共创，建立学生与老师共同创业的机制，学生出人力、资金，负责运营等，老师负责核心技术开发，按股份制形式共同创业。九是以社会资源为助力，与地方政府合作。与温州市龙湾区人民政府、浙南科技城等单位联合共建温州市智能制造孵化器，成立大学城创新园、浙南科技城创业园。大学城创新园负责项目的培育和样机试制，项目初具规模后入驻科技城的创业园进行企业孵化、产业培育，最后入驻产业园、小微园实现产业化，为温州推进“中国制造 2025”战略落实，加快智能制造产业发展提供重要支撑。与行业企业合作，学校主动对接行业企业需求，鼓励行业协会、企业参与创新创业教育。

三、高职院校创业教育呈现全员化、全程化、专业化趋势

随着高等教育改革逐步深入，我国高校创业教育的理论与实践也逐渐由星星之火发展成为燎原之势，适时推进大学生创业教育转型发展是推进创业教育内涵发展的必由之路，对于高等职业教育而言，开展创业教育正是与技术技能型人才培养无缝对接的有效途径之一，能进一步提高人才培养质量，因此，对于高职院校而言，创业教育主要呈现以下几个发展趋势。

（一）教育对象全员化趋势

创业教育已经不是仅仅面向少数学生的教育，而是面向全体学生的素质教育，对于高职院校来说也是如此，一段时期以来，高职院校开展创业教育是出于毕业生就业压力的现实困境，只是为了增强学生的就业技能。因此，创业教育的出发点也基本停留在培养学生就业、创业技能的层面，创业教育仅仅是作为职业生涯规划课或者就业指导课的一个组成部分。这样的教育理念仅仅是一

个“治标”的权宜之计，与素质教育的要求相去甚远，远不能涵盖创业教育应有之义。开展大学生创业教育的目的并非是要大学生马上创业，而是意在培养大学生创业意识、创新精神，培养其创业的能力、素质，培养其独立意识。今年出台的《教育部关于大力推进高等学校创新创业教育和大学生自主创业工作的意见》进一步明确，开展创业教育要以提升学生的社会责任感、创新精神、创业意识和创业能力为核心。培养学生的综合素质与发展潜能，首先要解决的问题就是要把创业教育的理念由技能型教育向素质型教育转变，把学生的创业素质培养融入到人才培养理念中。“创业教育只针对有创业想法的学生，使其毕业后能直接创办企业”是当前创业教育中普遍存在的误区之一。其实，创业教育是对高校人才培养模式新的探讨。目前，大学生就业难，一个重要的原因就是高校的人才培养规格与市场需求吻合度不高。当前，企业作为市场经济的主体，需要更多更好的人才，但是很多高校一直以来还是按照计划经济时期的模式来培养人才，大学生的知识结构、能力素质难以适应企业发展的要求。因此，以培养创新精神、创业意识和创业能力为核心的创业教育，准确地把握了高校人才培养规格的新趋向，历史性地承担了高等教育人才培养模式改革的新任务。创业教育由面向个别学生向全体学生转型是对高等教育人才培养模式创新的积极回应，使每个学生接受创业教育，增强学生的创新与创业意识，使其具有敢于创新和勇于承担风险的精神。培养高职学生不仅懂技术，而且具备运用专业技术创新创业的能力。

（二）教学全程化趋势

当前，有些高校特别是高职院校只是将创业教育作为教学主渠道以外的一个附属部分，往往是由团学工系统举办类似于讲座、论坛、创业计划比赛等活动来推行创业教育，并没有将其纳入正统的人才培养计划和体系之中，即使现有的少数创业教育试点院校，其教学模式也往往局限于开设“创业管理”“KAB 创业教程”等选修课程，局限于知识的传授，没有给学生足够的实践机会与发展空间，没有真正做到与专业教育相结合。创业教育与专业教育本身就不是两张皮，是一个整体，两者是不可分割的整体，高校在开展专业或学科教育的过程中，就应该将创新创业教育融入人才培养的全过程，比如大一创新创业意识培养，这种培养是融入到专业课程之中的，创业课程教育向课程创业教育转变，真正实现专业教育与创业教育融为一体；大二进行创新创业能力培养，这个可以依托创新创业课程、经营管理能力课程、专业技术创业课程等，培养学生专业创业能力。大三的时候，开展创业带动就业指导，引导有能力的学生开展自主创业实践活动。如此一来，真正实现了将创业教育融入专业教育、人才培养全过程之中。同时，需要整合学校、社会、企业、行业等多方资源和力量来推进创业教育全程化。

（三）专业化发展趋势

高职教育与普通高等教育的不同之处在于更加强调专业，普通高等教育强调学科，高职教育强调对学生动手能力的培养，这也正好给予高职创业教育结合专业开展的优势。高职院校开展创业教育更多地应该结合专业来开展，创业没有专业知识的支撑就失去了创新的源点。比如现代农业创业就需要在现代农业技术基础上实践。如农业专业的，可以尝试发明一种机器人来摘果实，来管理农业大棚；可以尝试发明一种蔬菜农药残留检测技术，比如通过手机一扫，手机内 APP 系统对这个蔬菜农药残留进行全方位的分析，瞬间得出分析数据供消费者参考。专业是基础，是创业教育的源点，只有牢牢把握住专业这个基础，创业教育才能走得更远，正因为要结合专业开展创业教育，在高职院校层面如何推进创业教育，那就应该将创业教育划归由教务部门来推进结合专业的创业教育，比如温州科技职业学院将创业学院设立在教务处，由教务处处长兼任创业学院院长，这样在机制上理顺了，能更有力地推进创业教育工作，能更好地推进高技术技能创新创业人才培养工作。

第二章 高职教育理论与实践

黄炎培倡导职业与教育的融合，他在《实施实业教学要览》一书中指出“凡用教育方法，使人人获得生活的供给及乐趣，一面尽其对群众之义务，此教育名曰：职业教育”。1996年出台的，我国在法律上承认了高职教育在教育体系中的地位，高职教育通过几十年的跨越式发展，办学规模不断扩大，办学能力不断增强，办学特色逐渐彰显，人才培养质量不断提高，已逐渐涌现出一批示范高职院校和优质高职院校。当前，在我国弘扬大国工匠精神，各地重视打造大师工作室的背景下，面对“中国制造2025”“互联网+”“一带一路”等社会经济新常态，同时我国产业结构升级转型，传统产业向新兴产业过度，形成以智能制造为主攻方向的新格局，面对这样的新形势、新背景、新要求，高等职业教育面临机遇与挑战，同时也显得尤为重要，高等职业教育在普通高等教育中的地位越来越高。

第一节 高职教育理论

一、高职教育内涵

高等职业教育作为高等教育的重要组成部分，承担着培养高素质技术技能型人才的重任，对于职业教育，2015年6月17日，习近平总书记考察贵州省机械工业学校时指出，“职业教育是我国教育体系中的重要组成部分，是培养高素质技能型人才的基础工程，要上下共同努力进一步办好”。《现代职业教育体系建设规划（2014—2020年）》（教发〔2014〕6号）指出现代职业教育是服务经济社会发展需要，面向经济社会发展和生产服务一线，培养高素质劳动者和技术技能人才并促进全体劳动者可持续职业发展的教育类型。因此，职业教育的学历层次结构包括：初等职业教育、中等职业教育和高等职业教育，其实还有两个层次也是涵盖在职业教育里面的，那就是应用型本科和专业硕士研究生，从这个层面讲，高等职业教育包括了专科层次的职业教育、本科层次的应用型本科教育、研究生层次的专业硕士等三大内容，这也构建起了我国完整的职业教育体系。只是目前人们没有深入地去思考这个问题，一般认为高等职业教育就是高等职业院校开展的教育，这从广义上来讲是有偏差的。

高职教育是高等职业教育的简称。高职教育是高等教育的重要组成部分，兼具“高等性”与“职业性”，既属于高等教育范畴，又属于职业教育范畴。高职教育与普通高等教育相比，普通学术性的高等教育更加注重学科性和基础性的研究，主要培养的是学术性人才，而高职教育更加注重的是专业的建设，倾向于应用型研究，呈现出实践性、职业性、市场导向性和办学主体多样性等特点，重视实践技能和职业能力培养，重视理论和实践相结合，更加强调知行合一，在平衡理论和实践时，在实践上有适度倾斜。高职教育与初中等职业教育相比，高职教育既注重学生职业能力的培养，也注重学生综合素质的提升，呈现出两手都要抓，两手都要实的趋势，重视专业教育与人文教育相结合，注重通识能力、可迁移能力的培养，注重学生职业的可持续性发展，同时重视创业教育与专业教育的结合。初中等职业教育更侧重于实践技能以及实际工作能力的培养。

在学历层次上，有学者认为高职教育呈现出以专科为主，应用型本科为辅，研究生为提升的特点。在研究生层次上，主要以专业硕士形式开展，但是每个学历层次还相互独立，没有形成对接的通道。在国外，高职教育也存在并分为专科、本科和研究生三个层级，德国的高职教育还可以与普通高等教育在本科层面上有对接的通道。

二、高职教育发展历程

在我国教育史学界，一般都把19世纪60年代初创办的实业教育作为近代职业教育的早期阶段进行研究，普遍认为当年的京师同文馆是我国现代教育之肇始，而我国的工业职业教育，则发轫于1866年左宗棠奏准在马尾船政局附设的船政学堂（初称“求是堂艺局”）。其实，我国的高等职业技术教育，就其基本的服务方向和所培养的人才类型而论，应该起始于清末创办的高等农工商实业学堂，在1898—1909年间，清政府学部立案的高等实业学堂共计17所。改革开放以来，我国高等职业技术教育的探索主要有：1985年，《中共中央关于教育体制改革的决定》明确要求“积极发展高等职业技术院校”；1986年，国务院发布《普通高等学校设置暂行条例》，包括了高职学校；1991年，发布的《国务院关于大力发展职业技术教育的决定》指出：“努力办好一批培养技艺性强的高级操作人员的高等职业学校”；1994年，党中央国务院召开的全国教育工作会议上，江泽民明确：“要大力发展各种层次的职业教育和成人教育”；“1996年，颁布的《中华人民共和国职业教育法》将“高等职业学校教育”

和“高等职业学校”以法律形式固定下来；2000 年，教育部下发《关于加强五年制高等职业教育管理工作的通知》指出：“五年制高等职业教育是我国高等职业教育的组成部分”；1998 年，国家教委、国家经贸委、劳动部联合印发《关于实施<职业教育法>加快发展职业教育的若干意见》提出：“主要通过对现有高等专科学校、职业大学、独立设置的成人高校改革办学模式、调整专业方向和培养目标以及改组、改制来发展高等职业学校教育”；1999 年，教育部发布《面向 21 世纪教育振兴行动计划》，再次强调“积极发展高等职业教育”的决心。21 世纪以来，高职教育的推进无论是在制度上还是在数量上都是空前的，出台了《关于加快发展现代职业教育的决定》《现代职业教育体系建设规划（2014—2020 年）》等制度和政策加以推进，数量上也达到了 1300 多所高职院校，占据了高等教育的半壁江山。

三、高职教育定位

我国高职教育的奠基者黄炎培先生提出高等职业教育的宗旨有三个：为个人生活的需要；为个人对社会义务的需要；为全世界、国家增强生产能力的需要，论述了高等职业教育的最终目的：使无业游民拥有职业，使职业人士安居乐业，不仅强调了个人生活的需求，而且注重了个体对社会的服务义务；不仅强调了职业技能的培训，而且注重职业道德教化；不仅强调了学有所长，也注重个人的全方位拓展，这是黄老先生的期望。基于现代化发展进程，我国高职教育的根本宗旨是地方高职教育服务于地方经济发展，高职教育特别是大多数的高等职业技术院校在发展过程中遵循“以服务为宗旨，以就业为导向”的原则，在进行区域转型过程中培养了一大批高素质技术技能型人才，并在逐步调节区域劳动力结构水平的过程中有效解决了民营企业以及中小微企业发展过程中遇到的技术难题，在国家区域均衡发展战略的指引下，高职院校当前的发展域以及服务域更多地向三线城市、服务三农、进入中小微企业延伸。2018年2月，中共中央、国务院颁发《关于实施乡村振兴战略的意见》，提出“以农业供给侧结构性改革为主线，加快构建现代农业产业体系、生产体系、经营体系”。乡村振兴的关键是产业振兴，产业振兴依赖职业农民，即爱农业、懂农业、善经营的现代农业创业人才。培养一批满足现代农业发展的创业型人才，是实现从传统农业向现代农业转型发展的关键，也是高职院校应承担的最重要的任务之一。高职教育在服务乡村振兴，服务地方产业上可以大展拳脚。高职教育服务乡村振兴，体现高职教育发展域和服务域不断外延，向服务三农、服务基层延伸，很好地体现了高职教育服务地方经济的根本宗旨。

我国高职教育最主要的特色是服务，坚持市场导向，突出能力本位，走产学一体，校企合作之路。面向社会服务地区经济和产业发展，培养高级技能应用型人才，应用性和职业性是高职教育的根本属性，它要求实行“产学合作、工学结合、顶岗实训”的人才培养模式以增强高职学生的实践能力和就业能力。在高职教育的办学理念上，主流观点是高职教育具有“实践性、职业性、开放性”的特征，强化综合素质、实践技能和职业能力的培养，培养高素质高技术技能应用人才，“产学合作、工学结合、顶岗实训”是高职教育人才培养的基本模式。在人才培养上，强化多方办学，引入职教集团、鼓励民营介入、强化校企、校地、校政、校校、校行深度融合。有相关学者基于文化角度从传统文化中发现和谐元素作为高职教育发展理念，引导高职教育改革和发展，和谐的教育理念包括高职教育融洽处理各种关系，以开放的心态吸纳和融合企业文化、行业文化、地方文化，充分挖掘凝练高职教育的文化内涵，主张学校建立和谐校园和氛围，教师和学生建立和谐关系，学校和企业、社会建立和谐关系。广州番禺职业技术学院原院长、中国科学与科技政策研究会常务副理事张碧晖先生通过七年办职业教育的经历，在高职教育办学理念方面提出“职业性、大众化、开放式”；在人才培养方面提出培养出来的学生应该是“理论上超过中专生，动手能力强过本科生”。《高等职业教育创新发展行动计划（2015－2018年）》（教职成〔2015〕9号）的指导思想是以邓小平理论、“三个代表”重要思想、科学发展观为指导，切实贯彻习近平总书记重要指示精神，服务“四个全面”战略布局和创新驱动发展战略，以立德树人为根本，以服务发展为宗旨，以促进就业为导向，坚持适应需求、面向人人，坚持产教融合、校企合作，坚持工学结合、知行合一，推动高等职业教育与经济社会同步发展，加强技术技能积累，提升人才培养质量，为实现“两个一百年”奋斗目标和中华民族伟大复兴的中国梦提供坚实人才保障。

高职教育人才培养模式是高职教育的核心，是关乎人才培养质量的最重要决定因素，通过探索实践，我国高等职业教育逐步形成了“工学结合、校企合作和顶岗实习”的人才培养基本模式。在人才培养基本模式的基础上，各高职院校结合当前国情、学校实际、地方特色形成了各具特色的人才培养模式。以温州科技职业学院为例，该校坚持走农科教一体、产学研结合、训研创一体化之路。以该校畜牧兽医专业为例，“训”是指在学生学习专业理论知识的基础上，到学校实训室、藤桥基地、校外企业开展实习实训；“研”是指在服务基层、服务地方经济、致力解决三农问题的基础上，教师在实习基地开展的科研项目，如马站红鸡选育项目；“创”是指在开展马站红鸡选育项目的基础上，鸡以及鸡的附属产品鸡蛋可以用来销售，学生可以组建创业团队，参与鸡与鸡蛋的营销运营。饲养的马站红鸡因为“绿色、健康、优质”深受消费群体喜欢，市场前景良好。通过项目化形式的“训、研、创”一体化，学生在“做中学、研中学、创中学、学中做、学中研、学中创”来提升就业能力、创业能力和就业可持续能力，从而实现高素质、高技能、高技术就业创新创业人才的培养，实现优质就业，提升该校人才培养质量。

四、高职教育特性

高等职业教育一是具有技术特性，2014 年提出高职教育人才培养目标是“培养服务区域发展的技术技能人才”。多年的教育教学实践与社会企业反馈表明，高职教育培养的高职学生与普通高等教育培养的学生最大的不同在于他们有一技之长，是自己专业岗位的技术技能能手。例如，学习汽车维修专业的学生，在校期间除了在教室学习文化知识、通识知识、专业知识外，大部分时间还要去汽车维修厂、学校实习实训基地开展实操学习，使得这些高职学生一出校门就能有自己的专业技术。二是具有高等特性，高职与中职不一样，高职学生是大学生，无论从心智还是从知识面上看，都相对而言比较成熟。高职的高等性主要体现在学生素质的高等性，学生需具备普通高等教育所需的同样的人文素质，诸如较强的沟通表达能力、组织协调能力、经营管理能力、创新能力等。这种高等性还体现在技术上，这也是与中职有本质区别的，技术上不仅要求学会，而且要求要懂得技术应用、技术创新、技术应用创新等。三是职业特性，高职教育紧扣时代发展需求、企业需求、职业需求，它对接产业、对接行业、对接企业、对接岗位，其职业特性也非常突出。在高职教育中，无论是从专业设置上看，还是从课程内容设计上看，均以社会需求为导向。注重培养学生的职业岗位的适应性，要求学生到企业岗位上实习实训锻炼，一般高职院校都有半年的顶岗实习，让学生在真实的职业环境中体验职场，比如温州职业技术学院还利用学生在校期间的暑假时间，让学生到企业顶岗学习。因此，从高职教育的技术性、高等性、职业性来看，比较适合培养技术应用型的创新创业人才。技术性使高职学生有一技之长，高等性使高职学生拥有创新创业基础与技术应用创新的能力，职业性使高职学生更加懂得社会需求与发展方向。

第二节　高职教育实践探索

随着世界一体化和经济全球化，产业结构升级调整，传统产业向智能制造过渡，科技型企业相继涌现，高素质高技能人才的需求急剧增加，在这种情况下，高职教育显得越来越重要，高职教育实践是高职教育的重要组成部分，占据重要地位，高职教育实践实施的好坏关乎着高职教育质量和人才培养效果。实践教学是高职教育的重要组成部分。《教育部关于全面提高高等职业教育教学质量的若干意见》（教高〔2006〕16 号）指出高等职业教育人才培养模式改革的重点是教学过程的实践性、开放性和职业性，把工学结合作为人才培养模式改革的重要切入点。

一、高职教育实践研究

若要追溯职业教育的起源，那还要从古代说起，古代就有工匠，有师傅带徒弟的传统，其实这是最早的职业教育。在近现代，那就要从黄炎培先生提出的职业教育理念开始。进入改革开放以来，特别是20世纪80年代初，我国相关部门创立了一定数量的“收费、走读、不包分配”的职业大学，这就代表着我国高等职业教育事业开始发展起来了。1996年全国人大通过并颁布了《中华人民共和国职业教育法》，从法律上确定了高职教育在我国教育体系中的地位，也由此拉开了高职教育发展的序幕；1999年6月13日发布的《中共中央国务院关于深化教育改革全面推进素质教育的决定》将高职教育明确为高等教育的重要组成部分，而1999年全国教育工作会议的召开，中央提出“大力发展高等职业教育”的工作要求，我国高职教育进入了蓬勃发展的历史新阶段。2006年教育部《关于全面提高高等职业教育教学质量的若干意见》文件首次在正式文件中明确了高职教育是我国高等教育的一种教育类型。至今，高职教育已经走过了三十余年的历程，1996年我国高等教育的毛入学率为8.3%，2016年我国高等教育的毛入学率已经达到46.7%，高职教育为高等教育的普及化、大众化作出了重大贡献，已成为中坚力量。同时，随着几轮示范高职院校的建设，我国逐渐涌现出一批办学综合能力强、办学特色鲜明、行业优势明显、人才培养质量高的优质高职院校。《2017中国高等职业教育质量年度报告》指出，面对高等职业教育发展的新环境新挑战，高等职业教育基于综合改革与本土实践的质量观正在形成。立德树人在学生基本素养培育环节的成效逐步显现，高职院校专业建设基础能力普遍增强，高职院校校园信息化基础环境处于国际先进水平。

刘启东与高洪波在基于现代学徒制总结南通高职教育实践做法的基础上提出专业工作室模式、职教集团模式、校内生产性实训基地、订单班模式。于志英学者提出构建双师型师资团队，实施行动导向教学课程改革，融“教、学、做”为一体，强化学生能力的培养，同时推行“双证书”制的实践教学模式。王利文、王健等学者探讨了导生制在高职实践教学的应用。导生制最早产生于18 世纪的英国，当时工业革命刚刚兴起，社会人才急需，教师数量缺口大，导生制在这种情况下应运而生，1811 年后，英国的导生制被广泛推广，除英国外，在美国也相当流行，为英美两国的教育事业作出相当大的贡献。导生制的教学组织形式分为两个步骤，第一步先教会一部分水平相对较高、基础较好的学生；第二步，由这部分学生去教更多的学生。林叶之学者基于混合学习概念提出混合实践，“混合实训”可将网络实训平台、实训软件、校企融合共建的实训基地以及职业岗位现场等信息整合，高效开展职业技能的实践实训，有利于学生掌握职业岗位技能，培养社会需要的优秀职业人才。混合实训教学活动更加关注行业、企业、岗位任务的工作过程训练，既要求体验环境，又要求完成决策，同时还要求执行各种经验管理岗位的任务，达到体验、决策、执行三位一体的实践教学目标。让学生通过不同职业岗位的实训，培养综合决策能力、执行能力和创新创业能力，体验复杂市场环境下的企业运营，学会工作，学会思考，形成全局意识和综合职业素养。学校混合实训总体设计思路是“虚实结合、任务驱动、产教融合、校企合作”，线上线下实践体验相结合、校内校外实训顶岗相配合、室内室外培训操练相组合，实施“工学交替”的特色实训模式。王洪影学者基于实践教学在高等职业教育中的核心地位，从“实践常态”“空间拓展”“虚拟实践”和“新实践”四个方面构建未来高等职业教育实践教学发展取向。

在我国高职教育中，不仅第一课堂的实践教学占据重要地位，利用第二课堂开展的实践育人在高校人才培养方面也发挥着不可替代的作用。教育部等七部委在《关于进一步加强高校实践育人工作的若干意见》中明确指出："进一步加强高校实践育人工作，是大力提高高等教育质量的必然要求，实践教学、军事训练、社会实践活动是实践育人的主要形式。"高等职业教育作为高等教育发展中的一个类型，结合不同产业岗位对人才综合能力的需求，构建实践育人模式，找准实践育人途径，提高育人成效，发挥实践育人的重要作用，具有重要意义。

高职院校实践育人研究中，当前高职院校普遍存在"重学生技能培养，轻人文素质培育"的问题，但是当下学生的就业力组成包括专业技术能力、可迁移能力和通识能力，专业技术能力更多满足于当前就业岗位要求，可迁移能力和通识能力满足于未来发展，后者能力不足会导致学生发展后劲不足。高职院校也逐渐意识到这个问题，近年来，高职院校探索出了各具特色的实践育人模式，如广西师范大学漓江学院结合学科专业特点，围绕"至善"精神，通过搭建"专业至善""公益行善""典型扬善"三级平台，开展实践育人活动，形成"服务地方、特色鲜明、知行合一"的实践育人格局。甘肃林业职业技术学院打造了"内外兼训"实践育人模式。"内外兼训"实践育人模式是指推行专业导师制，提高学生的一技之长，通过指导学生参与导师承担的技术服务和社会服务项目，提高学生的自主学习能力和实际工作能力；进行素质拓展训练，提高学生的综合能力，通过户外极限运动、团队游戏、竞技游戏等，通过体验、参与、感悟、交流、分享等，培养学生积极向上的生活态度、提高学生的社会责任感、职业岗位的创造性思维能力和实践动手能力；开展社会实践，全面提升学生的综合素质，社会实践是学生深入基层、了解国情、服务社会、坚定信仰、增长才干的有效途径；以专业实践及技能竞赛为载体，提高学生的职业技能，采取技能竞赛的方式，融学习于兴趣和比赛之中，调动学生掌握实验技能的积极性，以赛促学习，变被动学习为主动学习，从而提高学生的职业技能水平。

高职教育实践教学是指在对学生理论讲解的基础上，让学生参与到将所学知识运用到实际操作过程中的一种教育方式，主要目的是提高学生的动手能力、实践能力、创新能力等。有学者将其主要特征概括为：一是摒弃了原有的实践教学是教学工具的理念，使得实践教学能够具有更多精神领域的特征，同时开始注重实践教学的灵活性；二是开始认识到实践教学是教学的重要内容，能够更好地推动教学的发展，有助于学生更好地理解教学过程中学习到的理论知识；三是开始注重在进行实践教学的过程中学生的个体体验效果，从而更好地完善实践教学的方式和方法；四是更多的教师开始关注如何将理论知识与实践教学相结合，从而让实践教学的内容转变为学生内在的知识，从而更好地提高学生自身的实践能力。实践性是高职教育的重要特性之一，也是其区别于普通本科的一个很重要的特点。高职教育的实践性起源于社会生产劳动，在生产力落后的古代社会，职业教育主要采用师傅带徒弟的形式，依靠讲解示范和手口相传来进行，这可以说是原生态的“实训教学”，起到了很好的推动作用。对职业教育很多国家都进行了探索，但是其核心都是围绕强化职业教育的实践性以提升学生的技能为目标的实践探索，实训教学也开始得到快速发展，它与理论教学相互独立，又相互联系，并根据不同的国情诞生了不同特色的教学模式。比如美国的“社区学院”模式、英国的 NVQ 模式、加拿大的 CBE 模式等，这些实训教学模式各具特色，旨在培养学习者的动手实践能力。

较国内相比，国外高等职业教育实践模式与国内相比更成熟，有德国的“双元制”实践教学模式，北美（以美国、加拿大为主）CBE（以能力为基础）的实践教学模式，澳大利亚TAFE教育系统，美国社区学院实践教学模式，英国以资格证书为中心训练模式等较成熟的实践教学模式。

二、国外高职教育实践

（一）德国职业教育“双元制”模式

关于职业教育，德国是走在全世界前列的，也助推了德国工业的发展，赢得了名誉，比如在汽车行业，知名品牌宝马、奔驰、奥迪等汽车都是来自德国。德国的职业教育模式主要采用的就是“双元制”，所谓“双元制”就是指学校和企业联合开展教育实践，并且是以企业占主导地位，学校作为辅助形式，把学生在校学习的理论知识和在企业的实践知识结合起来的高等职业教育模式。在学习期间，学生三分之一的时间在学校学习理论知识，三分之二的时间在企业接受实践锻炼。学生实践的企业受联邦政府的管理，同时也受联邦职教法的保障，州政府负责管理职业学校。学制为2—3.5年，德国双元制高等职业教育模式特点是各类教育形式互通、专业设置以职业分析为导向，培养目标以职业行动能力为目标、学习内容以学习领域划分、行动导向是课堂教学的基本义务。德国“双元制”职业教育是德国职业教育最基本的形式，它被誉为世界职业教育的模板，在我国比如天津中德技术应用大学、深圳职业技术学院等许多高职院校都或多或少借鉴了德国的“双元制”模式。

（二）美国职业教育“社区化”模式

美国有许多著名的高校，也正是这些高校培养了大量的人才，促进了美国高速发展，成就了美国今天世界强国的地位，在此过程中职业教育也发挥了重要作用，由于美国是实行单轨制教育的典型国家，没有专门实施职业教育的机构，与我国的高职教育相对应的主要是美国的社区学院、技术学院来实施的高等教育，其中又以社区学院较为典型，它是集职业教育、技能培训、终身教育等多功能为一体的教育机构。可以说美国高职教育国际合作主要是通过社区学院来实现的。此外，美国的本科教育和研究生教育除少数学术性教育外，大部分也是技术应用型教育，因此它们与社区学院可以很好地衔接，所以美国的高职教育国际合作的主要模式可称为“社区学院模式”。美国这种“社区化”的职业教育模式助推了美国职业人才的培养。

（三）新加坡的“理工学院”模式

新加坡建国之初就高度重视职业教育，这也促进了新加坡的高速发展，以及后来的亚洲四小龙之一的地位，它的高等职业教育与普通高等教育是同步进行的。新加坡承担高职教育任务的主要是新加坡理工学院、南洋理工学院、义安理工学院等五所理工学院，相当于我国的高等职业技术学院，其高职教育可总称为“理工学院模式”，各理工学院的专业设置互为补充，在或长或短的办学过程中，始终注重向职教先进国家学习，各自形成了独具特色的办学理念与教学模式。20世纪80年代初，由新加坡南洋理工学院院长林靖东结合本国实际，提出了“教学工厂”的办学理念和教学模式，即“把学校按工厂模式办，把工厂按学校模式办”，通过完成企业真实生产项目让学生在实际生产操作中学到知识和技能，并在技术人才培养的发展过程中始终强调“国际人”的质量理念。

（四）其他国家的高职教育模式

加拿大实行以能力为基础的实践教学模式，它在安排实践教学计划前进行大量的调研分析，通过岗位分析确定学生需要具备的综合能力，从而确定学生的学习科目，并制定评价标准，达到培养学生职业能力的目标。评价体系的建立以综合能力培养为目标；注重学生的实践教学，而不仅是理论知识的学习；鼓励学生的自我评价和实践学习；企业提供先进的实验室、实训车间设备等。

澳大利亚 TAFE 教育系统是完全建立在终身教育理论之上的教育和办学体系。其实践教学模式特点：一是以国家资格证书为基础；二是以行业为导向。TAFE 重视学生的实践教学，政府全额投资建实训基地；实训基地建设能够满足学生进行职业岗位训练的水准，从而保证培养目标的实现。有许多高职院校送教师到澳大利亚参加 TAFE 的培训。

英国以资格证书为中心训练模式。英国“国家职业资格”是全国通用的，由授予机构颁发给个人，提供就业或继续学习的凭据。它的主要特点决定了英国以资格证书为中心的训练模式的特点，以能力为基础的职业标准体系，以实际工作表现为依据的考评体系，以证书质量管理为质量保证体系。

三、国内高职教育实践

近现代以来，我国高等职业教育得到快速的发展，特别是进入 21 世纪以来，从专科层面看，已经具有 1300 多所高职院校，占据了高等职业教育的半壁江山，如果加上近几年国家一直在推进的应用型本科院校建设，那就超过一半以上了，这里我们主要探讨专科层次的职业教育，本科层次的职业教育还在探索中，还未形成具体的模式。

我国高职教育大致形成了建教模式、产学研结合模式、校企合作模式、工学结合模式、现代学徒制模式等。

（一）建教模式

台湾把教育机构、学校与企业的合作称为“建教合作”，具体是指学校与企业共同合作实施教育与训练，台湾高等教育与产业的合作更加接近于广义的建教合作，主要通过轮调式建教合作、三明治式建教合作、委托式建教合作、阶梯式建教合作、研究式建教合作、课后实习式建教合作等。

（二）产学研结合模式

所谓产学研结合模式就是高职院校将产业、教学、科研相结合培养高职人才的一种模式，虽然这是很多本科院校的人才培养模式，但是也有许多高职院校采用了此项教育教学模式。在学界，对于“研”是有看法的，有些高职院校的领导认为没必要开展科研，认为这是本科院校要干的事，其实，所有的教育或产业发展都是需要科学研究来作支撑的，只是方向性问题，高职院校的科研应该是“立地式”的科学研究，主要偏向于应用性的方向。产学研结合模式学校层面主要开展理论教育、企业层面开展职业技术教育，提高学生的技术技能、就业能力、实践能力、人文素养等。比如以温州科技职业学院动物医学专业为例，“学”，学校根据专业设计人才培养方案，设计课程体系，学生在校内学习理论知识；同时学生可以在校内企业——学校动物医院的诊室、药房、前台、手术室、化验室、放射室等岗位开展实践，每位学生在每个岗位的时间有一定的限制，实施统一轮岗，通过校内企业的学习提高学生的就业能力、综合素质和实践能力。“研”，学生在学习专业理论知识的基础上，在实训室、学校的动物医学等实训平台开展动物疾病等研究。“产”，依托学校动物医院，学生可以作为经营主体参与动物医院的日常经营。通过产学研模式，提前把学生由“半成品”打造为“成品”，可以大大缩短学生毕业后在社会上的工作过渡期，这样的学生深受用人单位欢迎。

（三）现代学徒制

现代学徒制是近年提出的，也是国家鼓励支持的一种职业教育模式。现代学徒制是把传统人才培养模式与现代职业教育相结合的一种新型人才培育模式。现代学徒制在高职教育实践性教学中的运用不仅弥补了传统学徒制的缺陷，还为高职院校的人才培育开拓了新思路。现代学徒制根据现代企业的人才需要，以高职学生的职业技能培育为中心，使学生符合岗位需求。通过高职学校对接到现代企业，实现了教育适应产业，完成了高职招生与企业招工一致、高职上课与入职企业工作培训一致、高职学校毕业等同于在企业就业的目标，探索出了一条现代学徒制融入高职教育实践性教学培养的新型教育改革之路。以温州科技职业学院宠物美容与护理专业为例，学生入学之后，由学校和校内企业宠物美容院联合制定培养方案，研究课程体系，校内老师担任专业理论知识的讲授，企业宠物美容师、训导师担任实践技能知识的讲解与传授，共同研制理论框架、实践课程、毕业实习、论文指导等，同时学生可以在宠物美容院的前台、美容区进行轮岗实践，表现优秀者还可以由企业组织学生出去参加宠物美容资格证考试，企业全程参与学生培养的过程，同时学生毕业后直接进入美容院、美容培训学校实习、工作，通过学校和企业的深度合作，把企业用人需求纳入人才培养的过程中，使人才培养与岗位需求实现无缝对接。

（四）校企合作模式

校企合作模式是目前高职院校最常用的一种模式，这种模式主要是借鉴了德国的“双元制”模式，但是与其又有很大的区别，我国高职院校开展校企合作的过程中，主要采用的途径有三种：一是校企合作办“订单班”模式，学校找到企业或者是企业找到学校，两家一起开设一个班级，学生在这个班级学习后，可以自主选择到该企业就业，企业也可以根据学生的情况决定是否录取，是让双方自主选择的，企业也可以参与到学生的培养过程之中，这是较为深入的校企合作。二是设立企业奖学金或是企业宣讲会等，企业在学校设立专门的学生奖学金奖励优秀学生，或者通过宣讲会宣传企业。三是企业来校讲座或参与选修课程的授课等，这些都是校企合作的方式。以温州科技职业学院为例，校企合作主要以订单班的形式开展，该校学生在完成大学两年的理论学习和实践技能学习后，可通过校企合作企业订单班面试，提前进入校企合作企业实习，在企业实习的成绩可以抵大三上半学期的课程学分。如果学生在对接企业后，觉得自己不太适合企业岗位需求，可申请回校参加课程学习，企业与学校的对接通道完全畅通。同时，该校建立人才培养反馈机制，校企合作企业可在用人过程中向学校反馈用人效果，高校根据企业要求的职业能力、职业素质、人才质量来修改培养方案、重构课程体系，通过“走出去、请进来、动起来”的方式、不断提高人才培养质量，培养技术技能应用创新创业人才，对接行业、服务产业，助力地方经济，发挥高职院校职能。以二级学院动物科学学院为例，每年的订单班学生比例可达到 60%以上，校企合作企业达 100 家以上，同时创新校企合作模式，开办伟嘉班，该企业从学生刚入校开始，通过选拔面试，选择部分学生进入伟嘉班学习，企业为学生量身打造课程，设计出菜单式课程，这部分学生除学习学校的专业知识和实践技能之外，还在伟嘉班的学习企业所需的课程内容，企业导师到校为学生授课，让学生提前了解行业发展现状，企业职业能力，同时还为优秀学生设立奖学金，学生完成伟嘉班的学习后，可直接到企业实习、工作。企业全方位、全过程参与人才培养。

当前校企合作还存在合作深度不够、合作途径单一、企业参与积极性不够、动力不足等问题。合作深度不够，当前我国校企合作主要以学生到企业开展岗位实践为主，企业与高校之间很少有建立人才反馈机制，企业与高校之间沟通不够深入。企业参与动力不足。在校企合作过程中，企业动力不足，一方面是因为企业觉得投入与产出不成正比。另一方面是因为企业能力不够，企业员工更多的是以重复劳动为主，创新型、复合型、高学历的人才不多，在指导学生科研、实践与论文方面能力不足，难以胜任校外导师一职。合作途径单一，当前高职教育人才培养模式主要以校企合作为主，其他模式还比较少，合作途径单一，但是高职院校更多的是立足于社会市场的教育，在人才培养过程中需要时时对接产业结构、行业变化、经济转型中产生的岗位变化，这就要求高职教育的人才培养不仅需要加强校企合作、提升校企合作质量，更要加强校地合作、校行合作、校政合作和校校合作。

（五）产教融合模式

2017 年 12 月，国务院办公厅出台《关于深化产教融合的若干意见》，明确指出:“受体制机制等多种因素影响，人才培养供给侧和产业需求侧在结构、质量、水平上还不能完全适应，‘两张皮’问题仍然存在。深化产教融合，促进教育链、人才链与产业链、创新链有机衔接，是当前推进人力资源供给侧结构性改革的迫切要求，对新形势下全面提高教育质量、扩大就业创业、推进经济转型升级、培育经济发展新动能具有重要意义”。“推进产教协同育人。坚持职业教育校企合作、工学结合的办学制度，推进职业学校和企业联盟、与行业联合、同园区联结。大力发展校企双制、工学一体的技工教育。深化全日制职业学校办学体制改革，在技术性、实践性较强的专业，全面推行现代学徒制和企业新型学徒制，推动学校招生与企业招工相衔接，校企育人“双重主体”，学生学徒“双重身份”，学校、企业和学生三方权利义务关系明晰。实践性教学课时不少于总课时的50%”。正是国家全力推进产教融合发展工作，许多高职院校开展探索深层次的产教融合办学模式。比如湖南安全技术职业学院探索职教混合所有制改革，筹建二级“企业学院”，与东信烟花集团合作，建立现代烟花爆竹学院。

第三节 高职教育发展趋势

在我国目前的高职教育实施过程中还存在实施效果并不理想、流于形式、合作不够深入、合作动力不足、实施理念冲突等问题，随着社会经济产业结构的升级调整，教育全球化、大数据时代的到来，面对“中国制造2025”“一带一路”倡仪，“互联网+”，大众创业万众创新、精准扶贫战略和构建更加科学合理的人才结构的经济发展新常态要求，社会需求的人才也在急剧发生变化，作为培养高技能人才的教育重地，高职教育面临着机遇与挑战。近期，大润发易主的新闻铺天盖地，阿里巴巴投资200多亿拿下了大润发，大润发创始人黄明瑞离职的时候说：“战胜了所有的对手，却输给了时代”，大润发曾是零售业的标杆，这样的一个零售业霸王龙也被时代抛弃了，不得不让人唏嘘，让人泪目，时代抛弃你，从来不会跟你打招呼。也有人预言，方便面也将慢慢淡出大众的视线，现在吃方便面的人越来越少，方便面除了是高铁、绿皮火车的标配之外，貌似已很少在家庭中出现。那么是什么打败了方便面，让方便面慢慢淡出大众视野的呢？看看当下的“互联网+”餐饮服务，几乎每个人的智能手机里都会装几款团购 APP，支付宝、糯米团、美团等，还有用手机就能运营的微商，存在于大街小巷的美食外卖，便捷的购物渠道、人性化的送货上门服务，足不出户就可以吃到美食。这种“互联网+”餐饮服务模式慢慢打败了号称方便食品的方便面。高职教育也是如此，随着新技术、新产业、新业态的发展，高职教育如果不跟随时代潮流，不对接新技术、新产业，不关注新业态，不根据新技术、新产业设置新专业、改革传统专业、重构专业结构，很多传统专业就会被教育市场淘汰，高职教育的人才培养质量就会大幅下降，高职院校培养的人才就不能满足市场的需求。为了更好地适应产业升级调整，服务地方产业，协调区域发展，实现与社会需求人才无缝对接，培养社会需求的高素质高技能人才，如何精准定位高职教育，如何准确把握高职教育未来发展方向就显得非常重要。

一、高职教育呈现内涵化趋势

经过三十多年的发展，我国高职教育成效显著，人才培养模式越来越成熟、越来越体系化，但也存在办学定位不准确等问题。一是体现在高职教育到底是姓“职”还是姓“高”，或是姓“高职”的问题，目前存在舍“高”姓“职”的问题，与职业教育在概念上区分并不是很明显，容易混淆；二是体现在高职教育办学层次的问题；三是体现在从对高职院校招生规模的“量”的追求过渡到对办学质量的“质”的追求，已进入寻求内涵建设阶段。

在高职教育根本属性方面，有学者认为，“高教性”应当是高等职业教育对人才培养的基础，而高等院校在办学过程中往往忽略了“高教性”的重要性，通过削减甚至取消理论知识的教学过于强调对学生专业技术技能的培养，使得学生不具备较高层次的理论知识水平，也就无法形成良好的创新意识，抑制了学生可持续发展的空间。“中国制造 2025”经济发展新常态，急需大量智慧型、复合型、创新型高素质高技能人才，这就要求高职教育融合“高教性”与“职业性”，摒弃目前的以技能为本的功利性教育，加强科学和人文素质教育。坚持校企合作有效化、教育信息化、办学国际化的发展理念，不断探索跨境、跨界、跨专业的发展路径，对高职教育内涵发展和院校提升质量具有重要的指导意义。

在高职教育办学层次方面：我国需完善职业教育体系，构建更加合理的高职教育专科、本科和研究生教育体系，畅通人才培养通道，扩大高层次职业教育的学生比例和规模，提升高素质、高技能人才比例。

根据联合国教科文组织在《国际教育标准分类》一书中的划分，我国高等教育应该在第 5 层次，包括专科、本科、研究生。第 5 层次又分为 A、B 两个类型，其中 A 类型主要培养的是学术型人才，相当于我国普通高等教育培养的人才，B 类型主要培养的是应用技术型人才，大致相当于我国高职教育培养的人才。当前我国高速发展的经济和日益进步的科学技术大大促进了产业结构的调整，也极大地推进了我国社会化的进程。一些传统的劳动密集型、资源密集型产业正在逐步萎缩，取而代之的是技术密集型、资本密集型新型产业，这些转变在一定程度上对劳动者的整体素质有了更高的要求，客观上要求劳动者接受更高层次的教育，而不能将高职仅仅定位在开展技术技能型人才的培养，高职培养本科应用技术型人才是满足经济转型升级发展和劳动者接受更高层次教育需求对高职教育的必然要求。《国务院关于加快发展现代职业教育的决定》（国发〔2014〕19 号）明确要求要探索发展本科层次职业教育、研究建立符合职业教育特点的专业学位研究生培养模式和学位制度。《现代职业教育体系建设规划（2014-2020 年）》（教发〔2014〕6 号）中也明确提出积极鼓励本科高校与办学基础好的高职示范院校采取合作办学或联合培养等方式培养本科应用技术型人才，同时还要求高职院校在办好现有高职专科专业的基础上，探索发展应用技术型高校，将其建设成为直接服务区域经济社会发展，以举办本科职业教育为重点，以应用技术型人才为主要目标的新型办学类型。教育部《高等职业教育创新发展行动计划（2015—2018 年）》中提出："完善高等职业教育结构，推进高等学校分类管理，系统构建专科、本科、专业学位研究生培养体系。上述文件对职业教育的内涵作了诠释，即高等职业教育理论上包含专科、本科和研究生层次"。

《国家中长期教育改革和发展规划纲要（2010—2020 年）》将提高质量作为教育改革发展的核心任务，把促进人的全面发展作为衡量教育质量的根本标准。《国务院关于加快发展现代职业教育的决定》（国发〔2014〕19 号）也提出要扩大优质教育资源，激发学校发展活力。近年，各省都在推进优质高职院校选拔建设，以浙江省为例，通过评比选出了 20 所优质院校，其中有 5 所重点优质院校，目标是推进其内涵式发展。因此，只有明确办学定位，理顺高职教育内涵，高职教育才能走得远，才能实现高职教育可持续发展，才能办出有中国特色的高职教育。

二、高职教育呈现国际化趋势

随着经济全球化，"一带一路"经济新形态背景下，就业市场对人才提出了新的需求，社会就业市场是高职院校人才培养的风向标。作为高职院校，要站在国际化的高度培养高素质高技能人才，不仅要对接本土市场，也要对接国际市场。高职教育国际化体现在专业设置的国际化、教学师资的国际化、教学模式的国际化、办学层次国际化、合作模式国际化等方面。高职教育国际化要求既要“走出去”，也要“引进来”，同时加强交流合作，更要处理好本土化与国际化之间的关系。

当前，高职院校国际化办学归纳起来主要有以下三种途径：一是与境外院校合作办学，设置专业，采用如“2+1”或者“1+1+1”等模式开展教学和人才培养，在国内完成2年学业的基础上，去境外合作院校学习交流一年，双方学分互认，拿双方的文凭或学习证明书，或者在国内学习一年，去境外合作院校交流学习一年，然后回国内学习一年，学分互认，拿双方的文凭或者境外的学习证明书；二是本土学习，引入外籍教师资源。这种项目主要是指合作双方在研究制定好培养方案之外，学生三年都在国内学习，外籍教师到合作院校给学生上核心课程和重要的专业课程，或者外籍教师与校内教师一起给学生上一门课程，共同研究制定课程目标、教学过程和课程考核方案，在这个过程中，加强国际师资库建设；三是交流学习，选派优秀学生赴境外交流学习，学习时间为一个学期或者一年，学生在境外学习的学分可充抵在校学习课程的学分。高职教育的国际化，需要在现有合作模式上，创新探索更加有效的国际化合作模式，提高高职教育国际化的有效性。

三、高职教育呈现信息化趋势

基于当今互联网时代的背景，随着产业信息化，教育产业也势必信息化，高职教育也要紧跟时代步伐，构建“互联网+高职教育”模式，探索“互联网+实践教学”“互联网+理论课堂”和“互联网+实践育人”模式，建构线上与线下“双线”模式，在人才培养中，“双线”推进，提升实践、教学和育人的趣味性和吸引力。当前，高职院校在全力推进信息化进程，加强信息化硬件和软件建设，在教学、实践和育人等方面都做了很多尝试，成效显著。在教学方面，一是采取建设精品课程、国家级、省级教学资源库和校级 MOOC 课程，推行网络课程等。二信息化手段进课堂，在高职课堂中引入信息化手段，逐渐实行点名、课堂互动、小作业、课程考核等方面信息化，使课堂信息化成为家常便饭。三是推行翻转课堂，在教学过程中，尝试进行翻转课堂设计，创新翻转课堂模式，重构教学过程，形成学生主导、教师辅导格局。在实践方面，通过信息化手段，创建仿真实习实训实验室，使学生可以全真体验实践过程，通过全真实践过程的参与，让学生有更加深刻、更加直观的实践体验，使知识更易被理解、吸收、转化和固化。在育人方面，高职院校主要尝试第二课堂信息化、公寓信息化和思政方式信息化，通过第二课堂、公寓和思政信息化，打开高职院校育人新格局，提升高职院校育人质量。高职教育信息化，需要在现有基础上，加强信息化硬件建设，改变现在存在的如网络没有全覆盖、信号弱等问题，同时加强信息化的软件建设，开出“有新意、有质量、有高度”的学生爱听爱看的网络课程，提高高职教育信息化的有效性。基于大数据时代的背景，基于数据的广泛性和创新频繁的特点，高职教育要加大与行业、企业合作的力度，提高合作的质量和效果，使合作向纵深方向开展，使人才培养模式紧跟社会、经济发展的需要，并根据需要进行动态调整。

四、高职教育呈现全民化和终身化趋势

美国职业教育的全民化发展是现代职业教育的重要发展趋势，也是每个公民应该享受的基本权利。联合国教科文组织在1999年召开的第二届国际职业教育大会上也指出："职业技术教育要能够全民入学，并能够终身学习。"我国作为一个人口大国，更要重视向全社会提供职业教育的机会，特别是向偏远地区、向农民提供职业教育机会。同时做好在校教育和入职后教育的有机衔接，重视学生的生涯规划和终身发展，使高等职业教育成为人们职业生涯的"加油站"。以温州科技职业学院为例，作为地方的农类院校，为解决三农问题，培养新型职业农民，学校开办温州农民学院，为农民解决三农问题，提供技术支撑和师资保障。2017 年中国职业教育行业发展需求显示学历高职教育规模稳中有升，但是递增并不明显，非学历职业教育如律师资格证培训、会计资格证培训等因为受众广、便捷、耗时短等因素，在当前就业压力增大的前提下，大规模递增，深受工作群体喜欢，符合他们"回炉再造"的需求。非学历职业教育发展势头大好，近万亿培训市场蓄势待发。

五、高职教育呈现特色发展趋势

王亚杰（2007）认为在经历了20世纪90年代的院校大调整之后，大部分特色型大学原主管部门失去了行政联系，相较于综合性大学的挑战，特色型大学则面临着内在和外在的矛盾，保持传统优势与开创新增长点的矛盾。彭湃、彭媛媛（2009）指出一所大学的优势学科所在就是这所大学的特色所在，并认为率先在自己优势学科领域为社会发展作出显著贡献是大学形成办学特色的

重要切入点。陈丽杰、朱永林（2009）认为地方经济或区域经济的发展服务不够将会影响行业特色型大学的社会影响力。郑吉春、周忠（2015）指出要从国家综合国力建设的高度认识大学的时代使命和责任，要注意紧贴行业发展需求，以学科建设为主线，构建具有行业特色的相对完备的知识体系。黄双华、周海萍（2011）提出要以学科专业建设为中心，结合地方经济建设与社会发展需要，形成与时俱进而独到的办学理念，找准办学定位与发展目标。蒋洪浦、时赟（2014）认为特色人才战略、学科战略、社会服务战略和文化战略是地方农业院校特色发展战略的主要内容。冯志敏、单佳平（2013）认为大学办学特色包括学科特色、人才培养特色、社会服务特色、办学传统特色等。纵观已有研究发现，目前我国特色大学的建设内容主要包括四个方面：人才队伍建设、学科建设、社会服务、特色文化建设。我国特色大学建设存在的问题主要有三方面：一是功利性较强；二是盲目地跟风与模仿，定位不明确；三是没有特色发展的科学认识。刘献君（2012）指出我国大学重视办学特色是从本科教学工作水平评估开始的。本科教学评估对我国大学办学特色建设的推动作用必须被充分肯定，但是这种自上而下、功利色彩浓厚的“运动”方式所推动的对办学特色的重视，也造成了停留在特色的总结上，办学特色泛化，注重“向上”、忽视“向下”等问题。韩延明（2010）认为许多院校出现盲目模仿和追赶时髦的现象，表现出一种不切实际、急功近利的浮躁心态。不少高校热衷于“移植”，盲目地生搬硬套国外和国内一些高校的理念和制度，最终搞得不伦不类，在模仿中失去了自我，在追风中丢掉了根本。在创建特色大学方面，国内外高教研究有共同的经验和一致的认识，都是在坚持自身优势的前提下，准确科学定位，强化学科优势，形成核心竞争力，做好对行业和区域的服务。但不同的学者在不同的角度和思想层面也表现出了不同的建设路径。王亚杰、陈岩、谢苗锋（2010）指出学科特色型大学发展模式呈现多元化趋势，政府应该考虑大学的学科特质，进行有差异性和针对性的支持政策，学科特色大学自身应考虑以发展特色强势学科为重点，坚持学科竞争力的前提下，发展相关、相近学科，构建合理的学科生态。吕红军（2012）、潘懋元、王琪（2016）提出了更具有操作性的观点，他们认为特色型大学科学发展要明确办学思路，科学定位，分类发展，特色型大学应在研究自身优势、劣势以及高等教育发展规律的基础上进行科学的定位。

早在 1966 年，美国学者马丁和布莱恩在其撰写的关于大学特色相关的研究报告《学院与大学的机构特性意识、组织与革新的互动》中就提出了“大学多样化”的概念。英国高等教育学家埃里克•阿什比从生态学视角对大学的生长规律进行研究，他认为大学就像动植物一样不断地向前进化，从而得出了著名的结论：任何类型的大学都是遗传与环境的产物。影响大学办学特色的因素有很多，其中办学理念是多数学者认为最重要的因素，同样历史传统也是影响大学办学特色的重要因素（哈佛大学荣誉校长陆登庭教授、耶鲁大学孙康宜教授）。教育家伯顿 • 克拉克发表了 *The Distinctive College*（1994），在书中他详细分析了三所大学各自特色形成的过程，该著作是其“高校特色”思想的主要成果，他认为高校办学传统和特色是一个长期的过程，在不断的发展调整中才逐步形成自己的特色而被大众所接受。珍妮特（Jeannette Seaberry）和乔 • 戴维斯（Joe L. Davis）在其论文《都市大学历史、使命和特色》（1997）中以城市大学的发展为例，提出了城市大学应有自己的发展出路，一般城市大学都有自身独特的发展方向，这也是城市大学有别于卡内基式高等教育机构分类的地方。珍妮特的这种观点对于我国现行体制背景下的高校来说具有较高的指导意义和参考价值。

高职院校有自身的特殊性，与地方产业紧密结合在一起，高职院校的发展必将呈现特色化发展的趋势。

六、高职教育呈现培养创新创业人才趋势

从国内形势看，改革开放以来，我国充分利用了人口数量的优势，成为了“世界工厂”，促进了经济的快速发展，解决了13亿多人的温饱问题，取得了举世瞩目的成就。但是同时，我们也要清醒地看到我们是制造、创造、创新弱国，工业技术水平还远低于发达国家，诸如“马桶盖”等事件就是验证。若要改变现状，唯有创新，充分发挥国人“工匠精神”，让中国制造变成中国创造。同时，我们也认识到，当前我国又正处于“三期叠加”时期，钢铁、煤炭等产能过剩时期，环境污染严重时期；当下也是社会矛盾凸显期；经济发展逐步放缓，大学生就业形势日益严峻。所有这些问题都逼迫我们亟需深化改革，逐步优化产业结构、新旧发展动能逐步转换，大力开展创新创业实践，以创新创业来引领我国经济社会新一轮发展。正基于此，国家高度重视创新创业工作，出台《关于发展众创空间推进大众创新创业的指导意见》《关于大力推进大众创业万众创新若干政策措施的意见》等一系列政策，并且进一步简政放权，给予税收、工商注册、贷款等各方面的优惠。

从企业层面看，在瞬息万变的信息时代、“互联网+”时代、劳动力成本不断上涨时期，企业自身不创新、不改革就容易被淘汰，当下已经有很多企业由于产能过剩、发展滞后而逐步被淘汰出市场。企业创新发展需要创新创业人才。

从学生层面看，现在的大学生普遍已经是 90 后，据调查显示，他们更崇尚自由、兴趣，为自己而活，他们当中大部分学生期望自己是创新创业人才，无论是在自己的就业岗位上，还是创业路上都能创新、创造，成就一方自己的事业。从另外一个侧面看，时代需要他们创新创业，但是他们的创业与先前的生存型草根创业不同，他们的创业更多的应该是兴趣驱动型技术创业。

创新创业人才的内涵是广义的，从事高端制造业，如航天飞机、动车组等研发的人才可以称为创新创业人才；从事一般的基层的创新创业活动，如利用自主研发的水培技术，成立水培植物创业工作室的人也可以称为创新创业人才。创新创业人才的含义很广，本文主要阐述技术应用型创新创业人才培养。高等职业教育，据统计，我国共有 1341 所高职（专科）高校，如 2016 年普通高职（专科）层次毕业生数 322 万多人，在校生数 1048 万多人，几乎占据了高等教育的半壁江山，这批人才拥有技术技能，成为行业的中坚力量。其中，有些人成为了创新创业人才，创立了自己的事业；一部分人是将技术应用到实践中转变为生产力，这类人才就是技术应用型创新创业人才。高等职业教育适合培养技术应用型创新创业人才，也应该承担起培养技术应用型创新创业人才的重担，我们可以从以下几点进行分析：其一，高等职业教育是高等教育，它具有高等性，不同于中等职业教育，学生具备了创新创业的基本素养，如思维能力、经营能力、管理能力等；其二，高等职业教育有其突出的职业性，学生与接受普通高等教育的学生相比，有一技之长，有应用技术的基础，比如汽车维修专业的学生具备维修汽车的技术与能力；其三，从社会层面看，随着产业结构转型升级，社会转型发展，社会不仅需要高等职业教育培养大批有一技之长的人才，而且也需要培养一大批能将技术技能转化为生产力的创新创业人才。

第三章　高职院校实践育人探索

实践育人是高职教育重要特点之一，教育部等七部委在《关于进一步加强高校实践育人工作的若干意见》中明确指出："进一步加强高校实践育人工作，是大力提高高等教育质量的必然要求，实践教学、军事训练、社会实践活动是实践育人的主要形式"。国家在政策层面进一步明确了实践育人的重要性，近年来，高职院校在实践育人方面也做了很多探索，形成了各具特色的实践育人模式，比如有依托学校各类社团开展的育人实践，依托暑期社会实践开展的育人实践，依托创新创业教育开展的育人实践等，但是随着新产业、新技术、新业态的出现，社会所需人才也发生了变化，更多倾向于复合型、创新型、高素质、跨专业的综合型人才，高职教育实践育人也应与此相匹配。

第一节　高职院校实践育人现状

新中国成立以来，党和国家始终坚持马克思主义的教育思想，把教育和生产劳动相结合作为党的教育方针，将大学生社会实践列入高校的教学计划，作为高等教育的重要组成部分。2005 年，共青团中央、教育部颁发《关于进一步加强和改进大学生社会实践的意见》强调，坚持育人为本，牢固树立实践育人的思想，首次把"实践育人"以独立的概念提出，这标志着党和国家对于高校实践育人工作的认识进入到较为深入的层次。高等教育大众化的大背景下，高职院校也如雨后春笋般出现，为培养高技术技能型人才提供了很好的平台。那高职院校如何培养人，培养什么样的人，为谁培养人这些基本的核心问题还有待解决。实践育人是开展高职教育的有效途径之一，至于实践育人的概念在官方层面以文件形式提出则是在 2012 年 1 月，由教育部、中宣部联合颁发的《关于进一步加强高校实践育人工作的若干意见》中明确要求高校在人才培养工作中更新理念，摒弃重理论轻实践的思想意识，提倡学做结合、知行合一的教学思想，因材施教，注重学生个性化发展，培养学生具有较高的实践技能。自此，实践育人工作在高校领域全面推展，当然也包括高职院校，并且更加强调实践育人，有将其与专业教育相结合的，有跟创新创业教育相结合的，而且很多高职院校都把育人工作量纳入到职称评定过程中，进一步助推实践育人工作。

一、实践育人内涵

陆游在《冬夜读书示子聿》诗中有一句："纸上得来终觉浅，绝知此事要躬行。"讲的就是实践。那什么是实践？我们在百度百科中搜索"实践"，它会给我们两层解释，第一层是只为人所特有的对象性活动，是以人为主体，以世界上任何事物为对象（客体）的现实活动；第二层是实践具有物质的、客观的、感性的性质和形式。我们这里的实践是指一种活动，育人实践，就是提升人的综合素质或某一方面素质的活动。

什么是实践育人？对这个基本概念问题的认识和理解，直接影响实践育人的工作模式和实践育人体系的构建。当前，学界对实践育人的概念有几种代表性的观点。如宋珺学者认为，实践育人是指"通过有目的的实践活动建立起学生与客观世界的联系，在实践过程中提高知识水平、提升思想道德素质的教育活动。"张文显学者认为，实践育人是一个"基于实践的观点而形成的育人理念，是以学生在课堂上获得的理论知识和间接经验为基础，通过激发学生的热情和兴趣，开展与之相关的实践活动，加强对学生的思想政治教育并促进他们全面发展的新型育人方式。"杨宏志学者认为实践育人是指"以学生现有的发展水平为基础，通过引导学生参加与自身健康成长和成才密切相关的各种应用性、综合性、创新性实践活动，促使他们形成高尚的思想道德、健全的人格、勇于创新的精神与实践能力，以实现人的全面完整的发展的教育活动。"秦川认为，实践育人是指"将课堂上的理论知识与实践结合、把理论与实践应用相结合，培养学生的理论应用能力。"

综合以上观点，当前学界对实践育人概念的界定有以下三个特点：一是指出了实践对大学生成长和发展的重要作用；二是强调了实践对大学生思想道德素质培养和提升的重要意义；三是更加关注了实践对学生认知的巩固和全面发展的重大作用。通过上述剖析和归纳，我们认为，要全面、正确地认识和理解实践育人，实践育人是指学校为学生搭建实践平台，采用某种方式或方法开展培养学生的活动，主要目标是提升学生的综合素质能力或有针对性的某种能力。实践育人机制是指在教育实践活动中能够长期并且相对比较稳定地促进实践育人工作合理高效运行的过程和方式。高职院校实践育人是指在高职院校中，教师采用实践的模式开展教育活动，其主要特征有：一是实践性，高职院校师生共同参与教育实践活动，学生通过动手操作，领悟、掌握技术技能；二是以生为主体，实践育人就是转换主客关系，在以往的教育中，主要是教师讲授为主，学生一般都是被动地接受，而实践育人，突出学生主体性，让学生主动参与，这样能让学生更好地掌握知识、技术；三是综合性，实践过程是综合性的，不仅需要手脚协调参与，而且要有思路，培养的是学生的综合素质能力，不仅仅是单项技术或技能；四是生活性，大学生实践育人既要坚持教育人、引导人、鼓舞人、鞭策人，又要做到尊重人、理解人、关心人、帮助人，只有始终把大学生实践育人的着眼点放在大学生生活中最关心、最直接、最现实的实际困难和具体问题上，大学生实践育人才最具有说服力和现实意义，才能转化为强大的精神动力，当今大学生在现实生活中的问题明显增多，如就业困难、心理困难、家庭困难、网络成瘾等。

二、实践育人的重要意义

美国著名教育家德怀特·艾伦指出“教育有两个目的：一个是要学生变得聪明；另一个是要使学生做有道德的人。如果我们使学生变得聪明而未使他们具有道德，那么我们就为社会创造了危害。”而对于学生的道德最好的教育方式就是实践，让学生在社会实践中培养对道德的认知。实践育人的重要意义还不在于此，其意义还有：一是对我国马克思主义教育原理要求的诠释，实践观是马克思主义认识论的基本观点，它强调实践是认识的基础，实践决定认识，是检验认识是否具有真理性的标准，同时承认并重视认识对实践的反作用。马克思主义哲学认为实践是人所特有的对象性活动，实践是以人为主体，以客观事物为对象并把人的目的、能力等本质对象转化为客观存在，创造出一个属于人的对象世界，具有主体性的特点。高校开始实践育人工作是坚持辩证唯物主义，贯彻党的教育方针的必然要求。二是实践育人，是培养高素质人才的必由之路。大学生在课堂上学习是一种途径，这对知识内容的掌握是有效的，但同时实践也是学习的一种很好的途径，特别是社会实践，能让大学生接触社会，不仅专业知识可以得到提升，同时道德情操也可以得到提升，对事物、社会的认识可以更加深刻，有利于培养大学生的综合素质。三是实践教学可以促进教学改革，更新教育理念，实践教学更加注重学生的实操能力的培养，采取的是体验式的教学方式，主要是让学生有所领悟，并掌握知识与技能，正所谓聆听千百遍不如亲身实践一次，这与传统的课堂上的教学方式是完全不一样的。但是实践教学的难点在于组织，它不同于课堂教学，效果立竿见影，教师为了更好的达到教育教学效果，教师得花更多的时间准备实践教学，这也能促进教师深化教学改革。

开展实践育人对于高职院校的意义，主要体现在以下几方面：

一是有利于高职院校专业教育，高职专业教育与本科的学术教育不一样，本科学术教育注重的是学科教育，高职注重的是专业教育，侧重于培养学生专业技术能力，而且更加强调应用性。技术能力培养不仅要通过课堂教学，更要通过实践教育来实现，这是高职院校的特性，要求必须开展实践教育才能真正实现人才的培养，目前很多高职院校也是这样实施的，很多高职院校在大三的下学期会让学生去企业顶岗实习，有些高职院校甚至大三一年都让学生外出实习实践，这样能让学生在大学毕业的时候和企业岗位实现无缝对接。

二是助力学生健康成长。高职院校实践育人活动能提升学生的思想政治素养，这不仅能让学生树立正确的人生观、价值观、世界观，而且让学生增强政治信念，在这方面，高职院校学生相对而言还是普遍比较弱的，尤其是在社会多元化、信息化的今天，各种思想冲击着学生思想，而通过实践活动，可以让学生清楚地感知社会的发展状况，树立正确的人生观念。通过实践育人，学生在参与社会实践过程中，政治素养能得到有效提高。另外，实践育人还能培养学生的适应社会能力，强化沟通能力的培养，特别是在现代很多学生沉迷于虚拟网络，喜欢在游戏中的虚拟世界里玩，这种现象在很多高职院校中存在，这类学生数量不少，从大的层面来讲这会毁了我们的未来，毁了我们的民族的脊梁，学生是我们国家的未来、民族的未来，这种现象是非常不利的。虽然目前很多学生工作部门都在一直想方设法让学生走出虚拟的游戏世界，但是效果不佳，而通过实践教学能让学生走出虚拟世界，走向社会，促进其身心健康发展，健全人格。

三是促进校园社会接轨。著名思想家奥尔特加曾指出："大学不仅需要与科学进行长期的永久的接触，否则就要萎缩退化，而且需要和公共生活、历史事实以及现实环境保持接触。大学必须向其所处的时代的整个现实环境开放，必须投身于真正的生活，必须整个地融入外部环境"。实践可以让高职院校大学生走出校园，利用自己所学的专业技术知识，服务社会，服务产业，搭建起校园与社会的桥梁。

四是促进高职院校形成良好的育人氛围。比如我国香港中文大学以书院制著称。开展的系列实践育人活动以博群计划为主体，其内容主要包括研究与调查，服务计划，博群大讲堂，社企及企业的社会责任，非牟利团体实习计划，本地扶贫项目等方面。研究与调查方面主要有博群小区研究计划；服务计划主要是指大学鼓励学生参与中国及海外国家的社会和公民服务；每年举行一个博群大讲堂及三四个论坛；把履行社会企业责任纳入大学教育的一部分；非牟利团体实习计划包括博群大中华实习计划、博群非牟利团体实习计划（香港）和博群香港公民社会工作坊。

三、国外高校实践育人情况

世界上许多国家都在把加强和改进道德教育作为教育改革的重中之重，尤其是在实践育人方面作出了许多新的探索，尽管这些国家在意识形态与社会制度等方面可能与我国存在较大差异，但关于实践育人的基本理念和成功做法是值得我们借鉴的。与国内相比，国外的实践育人起源早，实践育人模式相对较成熟，实践育人理念相对先进。在发达国家，政府重视、社会支持实践育人，政府认为大学生社会实践是实现国家培养目标的重要途径之一。如法国的教育训令规定，学校要把学生培养成尊重真理、勇敢、勤劳，富有同情心、责任感和集体观念的有教养的人；美国通过法案支持甚至强行规定学生必须参加社会实践、社会服务活动才能毕业，有的州拨出专款支持这类计划等。

在西方，20 世纪 60 年代以来，柯尔伯格的道德两难论法、拉斯思等人的价值澄清理论等，都注重道德教育的心理形式，都注重解决问题、制定决策，此类模式最普遍的特点是重视道德推理的过程，而非教育的文化内容。随着现代科技发展，出现教育与生活实际日益分离的情况，高等教育偏功利主义教育。在这种背景下，教育要以关注人性的发展为指导思想的生活教育运动悄然兴起。20 世纪初，以美国教育家约翰·杜威为代表开始了道德教育回归生活，他认为，一切能发展有效地参与社会生活的能力的教育都是道德的教育，并提出了著名的“教育即生活，学校即社会”的主张。20 世纪中叶，以艾伯特·班杜拉为代表的社会学习理论认为，为受教育者创造一种社会环境，在这种环境中，人与人是平等的对话与交流的主体，这种学习就是社会学习。20 世纪 70

年代，欧美各国兴起了美国教育家弗雷德·纽曼提出的道德教育的社会行动模式，社会行动模式是一个很有创见的道德教育模式，提出道德教育必须注重公民社会行动方面的教育，注重个体社会道德行为的培养。国外较成熟的实践育人模式可以供我们借鉴，一是美国“探索式学习和服务学习”实践育人。美国学生的实践教育是采用校内探索式学习和服务学习实施的。探索式学习通过发现问题、调查研究、动手操作、表达与交流等探索性活动，获得基本知识和基本技能，积累活动经验，最后形成自己的认识和思想。美国教育思想家约翰·杜威最早提出：“科学教育不仅仅是要让学生学习大量的知识，更重要的是要学习科学研索的过程或方法。通过大量的实践性活动和运动性活动，可以培养发展儿童的观察力、想象力和创造力、解决问题的能力及实际动手能力，甚至可以培养儿童的道德观念。”很多高校也吸收了他的探索式学习的思想。服务学习是将校内课堂学习和社区服务实践相结合的教学模式，20 世纪 80 年代中后期在美国兴起并发展。还有美国布朗大学的“必修学分”模式、新加坡国立大学的“真实教育”模式等。

二是日本的体验式就业实践育人。在日本，学习主要由“各学科、道德、特别活动”三部分组成，特别活动的目的在于通过理想的集团活动，培养学生实践的态度。“特别活动”主要是指有计划组织的课外活动，包括社会实践活动。日本大学生是比较崇尚社会实践的，主要形式是就业服务。体验式就业源自英美国家医师培养等领域实施的实地研修的一个概念，1997 年 9 月，日本文部等三省联合发表《关于推进体验式就业的基本思考》，由此开始大力推行体验式就业，主要有两种解释：一是指学生上学期间结合自己所学的专业知识和自己的职业生涯目标，为了未来的职业发展而从事的就业体验和服务；二是指学生在学习期间，根据教学计划的安排，在各单位进行实习、实践或者是以就业为目标的就业体验。归纳以上两种定义，与实践层面较为一致的体验式就业定义是：大学生在学习期间，作为教育的一个环节，由企业等提供的，并在企业等指导下的一定期间的就业体验及其机会的制度。国外的实践育人的探索与实践或多或少都影响着我国实践育人的开展，特别是高等教育的实践育人。

第二节　高职院校实践育人案例分析

高等教育通过几十年的发展，已经进入普及教育阶段，高职院校作为占据半壁江山的高等教育组成部分，近年就人才培养做了很好的探索，特别是高职院校在实践育人方面的探索与实践，所形成的模式对促进高职人才培养起到了促进作用。

一、以社会实践为载体实践育人

陕西工业职业技术学院立足校情和生源实际通过搭建校内社会实践平台、志愿者服务实践平台、“三下乡”社会实践平台，开展实践育人工作。校内社会实践平台以社团为依托，构建起理论学习型、学术科技型、社会公益型、兴趣爱好型、体育竞技型五类共51个结构合理、规模适中、特色鲜明的学生社团，拓展学生社团的育人功能，打造了一批优秀社团骨干，形成了一批品牌项目。志愿者服务实践平台主要依托咸阳市志愿者培训学院着力加强校风、学风、教风建设，全面提升学生的人文素养与道德情操，打造了电器维修协会、一加春雨爱心社、鸿鹄暖阳社等一批优秀志愿服务品牌，比如电气维修协会坚持周周有计划、月月有行动，深入社区、街道、广场为民众义务维修家用电器，获得“陕西省优秀青年志愿者服务队”称号。“三下乡”社会实践平台主要在暑期进行社会实践，每年选拔优秀大学生组成多支服务队，通过社会调查、参观考察、重温历史、义务支教等多种形式开展社会实践活动。使学生的专业知识得到了检验，专业能力得到了提升，专业色彩突出的活动内容和形式使参与的学生在实践过程中大大增长了才干。另外，通过以“大众创业，万众创新”为导向，围绕育人的核心任务，积极开展创新教育和创业实践，将就业创业见习、社会化技能培训融入社会实践过程中，有效促进了大学生就业创业能力的提升。

下文为温州科技职业学院践行暑期“三下乡”社会实践平台的基本思路和目标、实施方法与过程、保障机制的建立及取得的显著成效。①基本思路和目标。该校暑期社会实践活动始于1989年，20多年来从未间断，曾连续四年获得全国先进，是学校德育工作的一张“金名片”。每学年暑假，都会秉承“受教育、长才干、作贡献”的实践宗旨，扎实推进团中央相关主题教育实践活动的部署要求，以“农”字为特色，以“科技、文化、卫生”三下乡活动为主要内容，始终保持昂扬向上、积极进取、奋发有为的精神状态，切实服务三农。大学生暑期“三下乡”社会实践活动品牌项目更加突出“服务三农”的特色，突出青年学生认知社会的现实意义，从而进一步促进理论知识与实际相结合，助推理论知识转化为实践能力。大学生暑期“三下乡”社会实践活动紧密结合社会热点，紧抓时代主题；紧密结合专业技能，努力打造品牌；紧密结合当地需求，积极热情服务；紧密结合创新创业，内容形式多样。②实施方法与过程。大学生暑期“三下乡”社会实践基于“3+X”模式运作，其中“3”是指“导师+团队+项目”，X是指活动进基层团组织、进农村、进社区、进企业、进学校等具体服务点。该模式充分利用该校和温州市农科院的教师、科研人员、科技特派员、农技人员、挂职干部和优秀校友组建导师团，通过成立大学生科技兴农服务团、文化宣传服务团、医疗卫生服务团、科普反邪教服务团、调研宣讲团、支教服务团、志愿服务团、“食品安全宣传系列行”服务团等团队，依托暑期社会实践服务项目，开展系列活动。③保障机制建立。大学生暑期“三下乡”社会实践项目论证与遴选机制。明确社会实践项目的申报规格，阐明项目申报的意义及目的、活动内容、实施方式、组织构成、潜在风险点预判等，通过相对完善的申报文本的建立，将自发性、随机性社会实践纳入规范化管理平台。建立项目论证与遴选机制，由学校团组织牵头，联合党委宣传部、党委学工部、社会科学部等职能部门，联审联评各申报项目，确定立项名单，并完善公示程序。大学生暑期社会实践组织实施与过程监控机制。建立社会实践队权责体系，明确队长、副队长及成员职责与具体的工作要求，将责任落实到人。建立完善的工作流程，确保各项工作推进程序到位，有条不紊。建立每日安全零报告制度，尝试通过微博、QQ、微信等网络平台及时反馈实践信息，展示实践活动成果。完善突发事件处置预案，根据不同情况启动不同层级的处置办法。大学生暑期社会实践绩效评价机制。建立分层评价方式，不能简单以媒体报道、领导接见与批示作为考核社会实践绩效的主要标准。④取得的显著成效。暑期社会实践活动是我院重要的育人平台，学生将专业知识应用到生产实际中，实现专业知识与社会实践相结合，开阔视野、了解国情，长才干、作贡献，育人效果明显。与温州各县市区的企业、社区、农村等建立了多个青年就业创业见习基地、志愿者服务基地等，搭建交流平台，进一步推动校地合作。做到了主题鲜明、组织有力、活动扎实，成绩突出，取得了很好的社会效益、经济效益和人才效益，得到了社会各界的一致好评。1995—1998 年连续 4 年获得全国先进，受到中宣部、教育部、团中央和全国学联的联合嘉奖；1999—2013 年多次获得省级、市级等优秀组织奖，优秀指导老师、先进团队、先进个人等系列荣誉称号。

二、以创新创业为导向实践育人

浙江经贸职业技术学院是由浙江省供销社举办的以商贸流通类专业为主体的全日制公办高职学院。2012 年 6 月 1 日，首届全国高职院校“实践育人”高峰论坛在浙江经贸职业技术学院召开，跨专业综合实训教学和“创新、创业、创富”教育基地教学得到高度评价，并得到浙江在线报道，经管类跨专业综合实训教学，是借鉴模拟军事演习的设计思路，结合经济管理类实践教学发展方向，设计和开发出的一套全新的综合实训平台。“创新、创业、创富”中心是集创业教育、创业体验与实践、职业咨询与测评，就业创业信息查询等服务为一体的大学生创新创业创富教育平台，通过提供创业个案咨询、企业导师、创业团队孵化、创业交流等服务，帮助学生提高创业能力。

南京工业职业技术学院建立了创新创业实践育人体系，以“普惠式”教育为基本理念，以“第二课堂”为重要载体，以“体验式教学”为根本途径，将聚点汇面教育服务模式形成的“众创教育发展空间”、赛训一体教育激励机制形成的“众创实践帮扶空间”、引培结合教育拓展平台形成的“众创作品转化空间”统筹形成“全员参与、全面教育、全心服务、全程贯穿、全部到位、全方位融合”的“三维六全众创空间”，助力学生实现“创客”梦想，带动学生创新品质和综合素质的全面提升。比如建立创新创业学分积累与转换制度，转变学业评价和考核机制，将学生开展创新实验、获得专利和自主创业等情况折算为实践学分，将学生参与课题研究、项目实验等活动认定为课堂学习学分，整合创新创业课程资源，开设双创在线共享课程 42 门，开设创新创业教育 48 学时必修课程和多类型公共选修课程。结合特殊的时间点，根据学生需求开展专项教育活动，如新生入学之际的“大学生科技创新作品展”、日常教育中全面推广 SYB 培训课目、定期邀请校内外创新专家与“创有所趣”的同学交流等。开放 50000 平方米的工业中心和 200 个实验室，搭建双创实践平台，共享教学、科研、实验室的各项设施，确保每一位有意愿参与创新创业实践的学生都能投身其中。与南京栖霞区、南京秦淮区、句容宝华镇规划共建双创基地共计 25000 平方米，定期组织创业项目申报与答辩，每年新增校内大学生创业园项目不少于 30 个，年孵化项目超过 20 个。

三、全过程化的实践育人

浙江金融职业学院坚持“职业素质与职业技能培养并举”的方针，以学生“千日成长工程”着手，深入实施以“品德优化、专业深化、能力强化、形象美化”为主要内容的学生职业素质提升工程，按照“一年熟练岗位、三年成为骨干、五年成为主管、七年实现发展、九年成就事业、一生平安幸福”的要求积极推进职业生涯规划和创业就业教育，人才培养工作取得显著成效。从学校的办学特点和人才培养要求出发，实施学生“千日成长工程”，将价值引领贯穿于高职学生在校三年约 1000 天的成长全过程，学生每天要填写《千日成长记录》，按照兼顾德能、积小成为大成的思路进行科学规划、合理安排，凝练提出学生“千日成长”规划，即把学生在校学习的三年规划为：一年级“金院学子”，突出学业规划，强调懂做人；二年级“系部学友”，突出职业方向，强调精专业；三年级“行业学徒”，注重实践能力，强调会做事。按照“把促进学生健康成长作为学校一切工作的出发点和落脚点”的要求，以学生“千日成长”规划为基础，整合育人资源，构建“千日成长”工程。先后出台了《关于全面实施“千日成长”工程，切实提升人才培养质量的若干意见》、学生“千日成长”工程《实施方案》《课外教育实施方案》《关于进一步深化学生“千日成长”工程，完善立体化育人体系的实施意见》等文件，明确育人目标、工作职责、实施路径等，各系（专业）制定《“千日成长”指南》，提出考核办法。将理想信念教育贯穿“千日成长”、用“四化”（品德优化、专业深化、能力强化、形象美化）引领“千日成长”、以实践活动助推“千日成长”，每年开展创新创业、专业学科、职业技能、文艺体育等4类竞赛百余项，树立“500榜样”，即百名实践先锋、百名学习标兵、百名团学骨干、百名技能尖子、百名文体之星，引领学生向身边的标杆看齐；办好千名学生写万封书信、千名学生评万象风云、千名学生传万句箴言、千名学生访万名校友、千名学生读万卷书、千名学生行万里路等6项“千万活动”，践行知行合一的高职育人理念。

四、以专业为依托实践育人

高职院校是以专业建设为龙头，依托专业开展实践育人是培养学生的有效途径之一。温州科技职业学院充分利用专业开展实践育人工作。例如绿色食品生产与检验专业的学生组建“食无忧”社会实践服务团队（以下简称“食无忧”实践队”），他们本着专业化的社会服务，致力于实现服务的专业化。“食无忧”

实践队坚持以“维护食品安全，健康你我他”为口号，以“立足专业，发挥优势，奉献爱心，服务社会”为宗旨，以食品安全为主题，培养出具有一定奉献精神的青年志愿者，形成“志愿服务是一种时尚”的良好校园氛围，受到学校和社会的好评。“食无忧”实践队在各农贸市场、社区，以“便民检测，服务大众”等形式累计开展了百余次有关食品检测的活动，服务人数达6500余人，服务时间达700个小时。“食无忧”实践队，以服务社会为根本宗旨，得到了社会媒体的关注。“食无忧”实践队曾荣获“浙江省优秀志愿者队”称号等荣誉。更重要的是学生在服务过程中自己的专业技术能够得到提升，同时沟通交流能力、组织协调能力等都得到提高，学生受益匪浅。“食无忧”实践队通过“一个模式两个结合”，“一个模式”是“导师+项目+团队”模式，邀请专业老师作为服务队技术指导，和同学们一起进行食品安全的志愿者服务活动，有效保证了服务队的专业水平；“两个结合”是与政府职能部门相结合及与社区活动相结合。“食无忧”实践队通过和温州市各区的工商局建立良好的合作关系，以此展开食品安全的检测活动。所有的活动均得到了工商部门的充分肯定和大力支持，也得到了各农贸市场的欢迎，如与瓯海工商局合作印发宣传资料20000份、制作环保袋7000只。“食无忧”实践队经常受新桥、水心、梧田等社区的邀请，参加社区的便民服务节，志愿者服务队的食品安全检测成了许多社区活动的必备项目。“食无忧”实践服务的活动开展主要分为定点和流动两种方式进行。

在农贸市场设立一个便民检测点，对市民们购买的食品进行快速检测，并进行详细解答；期间进入农贸市场内随机抽取各个货台上的食品样品进行检测并记录检测数据；活动期间志愿者利用所学知识对食品安全等问题进行讲解，让市民了解到更多生活上的注意事项。与社区合作，开展上门检测。主要针对市民家中放置的冰箱食品和干货进行检测；同时开展“亲手DIY，趣味体验”活动，教授市民日常、简便的食品检测方法。“食无忧”实践项目实现了育人和服务的双向功能。实现了专业和人文教育的相融共生。“食无忧”项目很好地将学生志愿者精神、公益德行等人文素质教育很好地融合、渗透到专业实践中，形成了专业教育和人文教育的合力，形成了专业和人文教育的“视界融合点”，营造了服务民生的社会支持氛围。

温州科技职业学院信息技术学院成立“家电义诊”服务队，由电气自动化、低压电器、电子信息专业等学生志愿者组成，是“专业服务+服务专业”的品牌项目，该服务队秉承着“义务服务”的宗旨，每周都会组织学生志愿者走基层、进社区，免费帮助居民维修家电、普及安全用电知识等服务。具体服务项目包括：家电义诊校内服务、家电义诊社区服务、用电常识宣传、“红网工程”建设等，截止到目前，该服务团队足迹遍布温州各区县镇，累计无偿服务4000余次，受到当地人民一致好评，并多次被《温州都市报》、瓯海网、温州市学生联合会、温州文化礼堂等媒体报道。在利用专业技术服务人民群众的时候，专业能力得到切实提高。同时，建立了晚霞学院，以计算机技术专业学生为主，通过以下三种方式展开活动。

第一，通过“走出去”和“请进来”的方式展开活动。“走出去”主要有免费上门为老人服务并及时回访所教老人。免费上门教社区老年人使用电脑，让老年人基本掌握电脑的基础知识。在课余时间不间断地回访已教过的老人，保证教学的完整性和严谨性，争取让老人们真真实实地学会电脑的基本操作。同时，进社区开办“夕阳红”电脑培训班。主动与水心街道松柏社区等社区联系，专业教师与志愿者走进社区举办“夕阳红”电脑培训班。在“走出去”中，还同时向老年人宣传绿色生活，合理使用电脑体验网络生活的便捷和时尚。“请进来”主要是在校内举办的电脑培训班，邀请专业老师授课，志愿者与老年人进行一对一辅导，保证老人由浅到深地学习电脑知识。

第二，通过“线上和线下”相结合的方式展开活动。网上服务模式主要是建立晚霞行动网站、党建博客、老人QQ群，在网络上开辟老人学习和交流的阵地，号召广大入党积极分子主动参与其中，借助网络平台拓宽学生服务的载体和形式，将志愿服务多层次化。线下服务主要通过四个小队相互协作开展活动：

（1）走访队主要负责在社区内走访、回访教老人学习电脑的基础知识，并且向老年人宣传绿色生活，合理使用电脑体验网络生活的便捷和时尚。

（2）教学队主要负责在校内开办教老人学电脑的培训班，以及在社区开办夕阳红老年人电脑学习班。

（3）信息队主要负责收集并登记老人的来电信息，统计出走访各地的公交线路，方便走访组走访，以及统计相关老人反馈建议调查表信息。

（4）网络宣传队主要负责跟随走访组的宣传，撰写通讯报道，以及维护和更新网站和博客。

第三，通过建立制度保证服务育人实效。在活动实施过程中推行志愿者服务制度，实行服务登记制度，将参加的服务活动情况登记在服务证上，实行一人一证，登记内容包括参加活动的时间、地点、内容、证明人等。学生支部书记对参加服务活动的情况进行检查监督，对服务效果进行审核确认。如有学生党员对待服务活动敷衍了事，将不计入服务时间，并进行限时改正。

通过晚霞学院，培养了学生专业技术，“一对一、手把手”免费教社区老年人使用电脑，让老年人掌握电脑基础知识的同时，也提高了自己的专业应用能力。通过向老年人介绍相关低碳生活的科普知识，把低碳理念宣传到千家万户，实现低碳家庭总动员。传递孝德风尚，通过此活动使志愿者更加懂得关注老年人的晚年生活，在持续性的活动中回报社会，打造良好社会风尚。

五、以学校特色为依托实践育人

依托学校的特色开展实践育人工作，温州科技职业学院同时挂温州市农业科学研究院牌子，是专科层次公办普通高等职业学校，其前身是1950年创办的浙江省立温州农业技术学校和1958年创办的温州专区农业科学研究所。该学校“农”字特色非常突出，根据学校特色，打造了众多实践育人品牌。

1.“耕读三农”行动

该校动物科学学院推出“耕读三农”行动，“耕读三农”行动是指在涉农专业学生中推行边耕边读计划，即耕创农业、耕服农村、耕学农民，读懂产业、读悟事业、读精专业。耕创农业：从事现代农业创新创业活动，参加现代农业创客教育。让学生参加创业课程学习、创业讲座、创新创业竞赛。耕服农村：含农业政策宣传、技术服务推广、协助农业生产营销。主要开展科学养宠知识普及、生态养殖实践活动、开展三农调研、宠物用品、畜牧产品推广等活动。耕学农民：走访农户、访谈农民、观学农耕，从农民身上学习朴实、务实、诚实、创新、奉献、吃苦耐劳等精神。读懂产业：实时关注现代农业产品特别是畜牧类产业动态、发展趋势等。读悟事业：职业生涯规划，职业生涯课程学习，开展校友沙龙等活动。读精专业：主要是指专业书籍的研读，开展读书沙龙。根据耕读内容，详细制定实施安排计划，专人负责落实，同时制定切实可行的考核要求，并提出在校大学生必须完成50小时耕读行动，通过开展耕读行动，不仅可以提高他们的专业技术能力，也可以培养学生学农、爱农情感，有效解决目前存在的学农不爱农的问题、坚定学生服务三农的意志，同时也可以提高学生辨别是非、团队协作、分析问题、处理问题等通识能力和可迁移能力。

“耕读三农”行动认定考核办法如下表：

“耕读三农”行动认定考核表

项目	模块	活动意义	认定标准
三耕	耕服农村	通过耕服农村活动，培养同学们学农、爱农情感，提高专业技术服务能力	耕服农村包括农业政策宣传、向农企、农户提供技术服务、协助农业生产营销服务，推广农业技术等相关内容，折合小时计算
	耕创农业	通过耕创农业活动，培养同学们创意、创新、创业意识，提高经营管理、创造创业、市场营销等兴农能力	农业相关创业、创意、创新实践、专利、论文发表等，通过审核的即认为满 50 小时，涉及排名按乘系数计算小时数，或参加现代农业创客教育（创业课程、讲座、竞赛）折合小时计算
	耕学农民	通过耕学农民活动，培养同学们朴实、务实、诚实、奉献、吃苦耐劳等精神	走访农户、访谈农民、观学农耕等活动，折合小时计算
三读	读懂产业	通过读懂产业活动，加深同学们对所学专业对应的产业的了解和掌握，促进专业就业创业	关注现代农业产品，特别是畜牧类产业动态、发展趋势等；开展畜牧兽医类等产业发展现状与趋势调查，形成报告，计20小时
	读悟事业	通过读悟事业活动，促进同学们的自我认知、环境认知、职业认知，合理规划自身职业生涯	参加大学生职业生涯规划大赛（计10小时，获院一等及以上奖项另计15小时）、完成职业生涯课程学习计 10 小时，职业咨询、就业指导等按小时计算
	读精专业	通过读精专业活动，培养同学们的专业情愫，扩大专业知识面，提高专业技术能力	在常规的专业学习的基础之上，深入开展专业研读工作，主要内容包括：完成晨读与晚修（大一阶段），计10小时、专业书籍阅读1本计5小时
50计划暨“三耕三读”活动统一由动物科学学院学工办、团总支负责认定			

“耕读三农行动”实践育人，开展了体验农耕、职业分享、动物疾病防控等系列活动，2015 年至今，参与学生 800 余人，培养了学生专业能力的同时服务了“三农”。

2. 农业流动医院

温州科技职业学院农业流动医院是一个以“百千万工程”（百名专家带领千名学生服务万计农民）为主线，以农业综合流动服务为形式，以助推师生成长农民致富为目标的高校独特校园文化平台。它传承了学校 60 多年的农业教育、科研和服务传统，体现了农类高职的精神内涵，彰显了办学特色，具有强烈的时代气息感。农业流动医院依托农科教一体化优势，打破教育、科研、农技服务之间的隔阂，以先进的科学技术帮助农民解决现实难题，并在师生服务三农的过程中，加强人文精神的熏陶，努力塑造师生“点亮他人，升华自我”的新时期“蜡烛”精神。所谓新时期“蜡烛”精神，就是在燃烧自己、点亮他人的同时，自身也得以成长、提高，使“蜡烛”的能量不枯竭，光芒持续照耀。

通过农业流动医院，一是践行办学理念，传承“学农爱农专农兴农”的专业思想，增强师生对农类办学特色的认同感。二是立足服务“三农”，倡导无私奉献的精神和求真务实的作风，强化师生社会主义核心价值观。三是营造教育、科研、社会服务相互促进的文化氛围，提高实践育人实效。创造性地将“医院”作为一种特殊教育平台，寓教于助，解决广大师生服务能力和农民科技素质提升问题。

农业流动医院是对学院传统社会实践活动、科技下乡、服务农村的继承与发展，是在新形势下的与时俱进，是农业公共服务体系的集成创新和农业服务形式的原始创新。农业流动医院下设动物、作物、蔬菜、园林、农业企业诊断等五个流动分院和一个综合门诊部，实行农科教一体化运行机制，采用实体门诊和网络门诊两种服务方式，做好“五个结合”，即三农服务与农业教育、科学研究、人才培养、社会实践、农民增收相结合，实现服务的集成、综合和创新。一是强化协同精神，注重在合作多赢上延伸。农业流动医院自创办以来，始终坚持协同、合作、创新的文化理念，发挥流动医院“医生”的“三师”素质能力（教学能力、科研能力、农技服务能力），通过师生合作、院地合作等方式，广泛开展农技服务和科技合作，实现农业教育、农业科研和社会服务多赢，着力解决教育、科研和农技服务“三张皮”现象。二是强化务实精神，注重在解决难题上延伸。农业流动医院坚持农技服务重心下移，强化“哪里有农业困难就流动服务到哪里”和“农业科教服务到山头、到田头、到门口”的服务思想，强化实体门诊和网络门诊，注重在解决基层农技难题上下功夫。每年，上万人次的师生随农业流动医院深入基层，把教学课堂搬到田间地头，开展进村入户入企和快餐式、一站式、综合式服务活动，多维度、多层次调研农业、企业生产、农村建设、农民生活等方面的问题，积极分析、评测问题出现的原因，全力攻克“三农”发展中的最新难题。据统计，平均每年开展巡视门诊 350 次，网络门诊 800 余次。三是强化进取精神，注重在能力提升上延伸。农业流动医院始终坚持在点亮他人的同时，注重提升自身素质能力，强化导师制管理，着力解决科研与人才培养“两张皮”现象。通过农业流动医院的导师管理模式，让广大学生参与导师科研项目建设，指导他们开展科学研究、科技创新、农业创业等活动，增强学生学农、爱农、专农、兴农的意识，提升学生服务三农的水平。同时，导师的个人素质和能力在科研育人工作中也得到了快速提升。

依托农业流动医院平台，实现了寓教于助，培育千名学生成长成才。每年，近千名学生跟随导师下基层帮助农民排忧解难，在实践中提升了服务“三农”的能力，增强了创新创业能力。流动医院专家带学生创业，学生带动农户致富，在地方已传为佳话。每年暑假农业流动医院暑期社会实践服务团都会有 50 位同学在 7 位医院专家的指导下，分赴文成、永嘉、瓯海泽雅等地开展服务“三农”实践活动。这不仅提升了他们的综合素质能力，更服务了当地农户。

六、以党建引领实践育人

学生党建也是高职院校的重要内容之一，也是育人的一个方面，如何通过党建来引领实践育人就显得尤为重要。温州科技职业学院采用了多种方式开展党建引领实践育人。

1. 红色教育“五个一”行动

根据当前党员培养过程中存在重党员发展前教育，轻党员发展后系统的党性教育和党员先锋模范作用的发挥，对照中央从严治党标准，根据《党章》要求，提高党员质量，培养新时期合格党员，进一步发挥党员作用，动物科学学院因地制宜推出红色体验“五个一”行动，旨在解决预备党员和党员的党性教育不足问题和先锋模范作用发挥不够问题。红色教育“五个一”行动主要是指在动物科学学院所有的预备党员和党员中，开展“走访一个红色基地、解读一本红色经典、带好一个班级党建、上好一次微型党课、完成一次志愿服务”活动。“走访一个红色基地、解读一本红色经典”解决的是党性修养问题，“带好一个班级党建、上好一次微型党课、完成一次志愿服务”解决的是党员先锋模范作用的发挥，以党建引领学生成长。

2. 人文素质“三会三课”

为进一步推进动物科学学院人文素质教育向纵深发展，服务于培养学校“完整的人”的目标。动物科学学院根据专业技术性、学生少而精等特点，面向全院学生开展人文素质教育“三会三课”制。是指针对动物科学学院全体学生召开启程会、期中反思会、期末展望会等“三会”；举办党课、专业思想课、素质教育课等“三课”。“三会”：一是参会对象，要求全体学生和教师参加；二是会议形式，采取多种形式，注重师生互动，可以是主会场和分会场模式，也可以是访谈形式等，比如可以与元旦晚会相结合开展，与人文素质教育成果展相结合等；三是会议内容，每期一个主题，聚焦目标，精准施策。“三课”：邀请校内外专家讲党课、专业思想课、素质教育课，有针对性地开展此类课程。力求每一场讲座都让学生有所受益。在实施过程中，全体学生都得到了能力的提升。

3. “七个一”培养工程

温州科技职业学院创导实施的“践行‘七个一’，服务新农村”培养工程具体指通过“开展一次‘三农’问题调研、走访一户农村贫困户、联系一个农业种养基地村（农企）、参加一次农业科技下乡活动、推广一项农业新技术、提供一条农产品供求信息、宣传一项‘三农’政策法规”，对学生进行专业理论、服务“三农”、创业教育相结合的实践教育。其旨在于让广大农类专业大学生深入农村、了解农村，加深对农业的认识，拉近与农民、农村、农业的距离，增强服务“三农”、奉献“三农”的意识和责任感，在热情服务“三农”的实践中培养其“创农”意识，树立远大志向，在农村建功立业。“七个一”

工程与“三农”服务相结合，把学农、爱农、兴农具体化。①开展一次“三农”问题调研，并撰写调研报告。提倡大兴调查研究之风，深入全市农村、农户和农业生产第一线，多听、多问、多感受、多思考，了解各种“三农”问题（自然、经济或人文方面均可），熟悉“三农”新需求，探索“三农”发展新趋势，在此基础上，认真撰写调研报告。②走访一户农村贫困户，并帮助提出脱贫思路。基于地区经济社会发展不平衡、贫富差距较大、广大山区贫困户较多等实际，鼓励进步学生深入贫困户，切身调查走访，面对面详细了解贫困户家庭、生活、生产情况，共同探讨脱贫思路，提出致富建议办法，并结合学院及相关系部的专业优势，给予力所能及的帮助。③联系一个农业种养基地村（农业企业），并提供适当的服务。温州市建立了大批种、养殖基地以及农业合作社，这些基地在发展过程中面临着专业技术指导、产品销售渠道、机械操作技术等诸方面的问题与困难。本项目拟要求每位同学在教师的指导下，联系一个农业种养基地村（农业企业）并提供服务。④参加一次农业科技下乡活动，为农民送去实惠。学院经常组织科技人员深入农村开展形式多样的送技术、送服务科技下乡活动和举办培训班，以提高广大农民的科学文化素质和农业种养技术水平。在实践活动中，大学生能够结合所学专业知识，参与一次农业科技下乡活动，当好科技人员的助手，了解农民需求，提高组织协调能力。⑤推广一项农业新技术，并提供农业生产指导。“三农”事业的发展离不开农业新技术的推广运用，学院多年来积累了一大批科技成果，本实践活动要求大学生根据农业生产需要，有针对性地推广一项农业新技术，指导农业生产。⑥提供一条农产品供求信息，实现信息交流网络化。针对农产品“卖难”问题，指导大学生通过网络、报刊杂志等媒体为农户查找买家，为农产品的销售提供信息保障。同时，可以为当地农民开展适当的信息化技术的指导，实现农产品供求信息交流网络化。⑦宣传一项“三农”政策法规，增强农民法律意识。因素质和渠道等因素，农民对国家“三农”方面的政策法规了解不深，法律意识不强，本实践活动将引导大学生经过调研，选择合适的地点，结合当地农民的需要，开展一次诸如村委会选举政策、农村环境问题的解决方案、促进农民增收的若干意见等“三农”政策法规的宣传活动。活动形式不拘一格，可以大胆创新。自2009年实施“七个一”培养工程以来，共有3000余名学生分成100多个组，分赴鹿城、瓯海、永嘉、瑞安、乐清、丽水、洞头、文成等100多个镇村实践“七个一”工程，效果显著，联系百多家农业合作社或农业种养基地，开展“三农”问题调研百余项，农业科技下乡数十次，走访农村贫困户百多户，联系农业种养基地村数十个，发布农产品供销信息数百条，宣传农业法规数十项，受到了基层政府和农民的热烈欢迎。通过“七个一”工程，让农类专业大学生深入到农村去推广农业，为农村、农民服务，逐渐使其喜欢上农业。立足优势突出特色。高职院校特别是涉农高职院校要结合自身特点和优势，明确学生培养目标，结合乡村振兴发展战略，鼓励学生立足“三农”，勇于创新和实践，支持大学生特别是农类专业大学生参与科技下乡、支教、志愿者服务、挂职锻炼和社会调研等，倡导贴近社会、贴近生活、贴近专业、贴近农村。拓展实践渠道。丰富实践教育载体，拓展活动平台，广泛联合基层各级组织和农村、企业、农户，在形式上可推行项目化、阵地化和多样化，在内容上要强调实用性、科学性、创新性，在方法上要注重本土化、个性化、人性化，避免流于形式。这样有效地培养了学农意愿、爱农意识、兴农能力。爱农是基础，学农是关键，兴农是根本。

第三节　高职院校实践育人不足之处

实践育人是理论教育的一种延伸，是德育的有效补充。要充分利用实践育人活动提高大学生的思想政治素质，培养大学生的创新精神和实践能力，帮助大学生树立正确的世界观、人生观、价值观和高尚的道德情操，发挥其对大学生进行爱国主义、集体主义和社会教育方面的重要作用，增强大学生建设祖国，振兴中华的责任感、使命感，坚定建设中国特色社会主义的理想信念。为了深入推进人才培养工作，多年来，全国各个高校始终把大学生实践育人活动摆在重要位置，学生社会责任意识、社会实践能力、专业能力等均有明显提升。高职院校借助自身专业特色，更加重视实践育人工作，在实践探索中，各高职院校积累了不少实践育人经验，但是，不难发现，高职院校实践育人实施效果距离国家、社会的要求和大学生的成长成才需求还存在明显差距。主要表现在以下几个方面：

一、从高职院校自身层面看

（一）对实践育人的重要意义认识不足

高职院校人才培养目标是培养高技术技能型人才，高职院校的实践育人工作要围绕这个目标来开展。目前，高职院校对于实践育人的培养目标认识还是不到位的，有些教师只是把实践育人当成一种教育形式，并没有把它上升到教育理念的高度，他们往往认为实践育人是思政老师、辅导员、班主任的事情，跟他们关系不大。在学生层面认为实践教学是理论教学的一种补充，是专业学习的重要内容，由于实践教学具有趣味性和直观性，学生往往很喜欢参与，但是他们认为社会实践活动是可有可无的事情，对专业学习，对自身的重要意义认识不到位。《关于进一步加强高校实践育人工作的若干意见》中明确指出：“进一步加强高校实践育人工作，是全面落实党的教育方针，把社会主义核心价值体系贯穿于国民教育全过程，深入实施素质教育，大力提高高等教育质量的必然要求。党和国家历来高度重视实践育人工作。坚持教育与生产劳动和社会实践相结合，是党的教育方针的重要内容。坚持理论学习、创新思维与社会实践相统一，坚持向实践学习、向人民群众学习，是大学生成长成才的必由之路。进一步加强高校实践育人工作，对于不断增强学生服务国家服务人民的社会责任感、勇于探索的创新精神、善于解决问题的实践能力，具有不可替代的重要作用；对于坚定学生在中国共产党领导下，走中国特色社会主义道路，为实现中华民族伟大复兴而奋斗，自觉成为中国特色社会主义合格建设者和可靠接班人，具有极其重要的意义；对于深化教育教学改革、提高人才培养质量，服务于加快转变经济发展方式、建设创新型国家和人力资源强国，具有重要而深远的意义。”作为高职院校更要认识到实践育人的重要意义。

（二）实践育人内容和形式缺乏创新

从目前高职院校实践育人的内容和形式看，创新性不足，内容方面很多高职院校的做法主要有：一是志愿服务，一般是去敬老院做义工、帮助残疾人、助学等内容；二是社会调查、参观企业、走访红色基地等内容，更多的是流于形式；三是专业实践，专业实践主要就是顶岗实习，大三的时候让学生去企业实习工作，主要也只是“放羊式”的，把学生一放，对学生的实习工作后续跟进比较少，效果不是很明显。从形式上看，往往是形式花样多，实际内容少，有的甚至用热闹的启动仪式代替具体的实践活动，首先就是暑期社会实践，这种是最常见的，但是参与这种模式活动的学生是有限的，它并不是针对全体学生的，当然有些高职院校说是面对全体学生的，但是那也只是让学生回去把实践表上盖一个章，有多少学生真的按规定去实践，还是值得商榷的。其次，有些学生外出勤工助学，这种情况，主要是涉及的学生不多，而且安全性也是值得商榷的。很多高职院校对实践活动内容、形式等缺乏详尽的计划，缺少相关的制度，没有资金方面的保障，导致在实践育人工作中，虽然组织了多种多样的实践活动，形式上很丰富，但实际内容比较空洞。同时，在思想政治理论课程教学中，实践学时流于形式，实践教学基地、爱国主义教育基地并未发挥应有的作用。甚至存在有的学生，包括教师都有“应付差事”的心理，为完成实践任务而实践，实践育人的效果难以得到保证。学生没有从实践中受到教育，报告内容空洞、言之无物。

（三）实践育人与专业、创新创业联系不足

高职院校是倾向于专业教育的，但是当前的实践育人更多的是与人文素质教育相结合，而与专业联系不足，实践过程中做的文体活动比较多，除了实践教学模块，社会实践活动与专业结合不够。一些难度较低的文化服务与社会调查等实践活动与学生的专业偏离较大，没有体现出专业特色，缺乏针对性和专业性。而且参加实践育人活动的往往是少数学生干部、学生党员等，而大多数学生较少有机会参与其中。正是由于实践育人与专业联系不够，以致参与的对象范围仅限于少数学生干部。实践育人与专业联系不足，原因也在于高职院校在实践育人开展过程中，顶层设计不够，缺乏育人体系，育人效果一般。但是各高职院校已逐渐重视这个问题，加强了高校层面的顶层设计。由原有的实践育人只是几个部门、几个老师的任务过渡到全员、全过程和全方位育人，由第二课堂过渡到第一课堂加第二课堂的“双课堂”模式，从思政课程到课程思政。在“大众创业，万创创新”的大背景下，高职院校实践育人需要紧扣时代的脉搏，强化学生创新创业能力培养，但是当前的这种培养还是不够的，传统的实践占据主流位置。《高校思想政治工作质量提升工程实施纲要》就指出：整合实践资源，拓展实践平台，依托高新技术开发区、大学科技园、城市社区、农村乡镇、工矿企业、爱国主义教育场所等，建立多种形式的社会实践、创业实习基地。丰富实践内容，创新实践形式，广泛开展社会调查、生产劳动、社会公益、志愿服务、科技发明、勤工助学等社会实践活动，深入开展好大学生暑期“三下乡”“志愿服务西部计划”等传统经典项目，组织实施好“牢记时代使命，书写人生华章”“百万师生追寻习近平总书记成长足迹”“百万师生重走复兴之路”“百万师生‘一带一路’社会实践专项行动”等新时代社会实践精品项目，探索开展师生志愿服务评价认证。深入推进实践教学改革，分类制订实践教学标准，适度增加实践教学比重，原则上哲学社会科学类专业实践教学不少于总学分（学时）的15%，理工农医类专业不少于总学分（学时）的25%。加强创新创业教育，开发专门课程，健全课程体系，实施“大学生创新创业训练计划”，支持学生成立创新创业类社团。培育建设一批实践育人与创新创业示范基地。

二、高职实践育人缺乏保障机制

高职院校实践育人不仅高职院校自身层面要深化教学改革，强化实践育人，更要有保障机制，但是目前高职院校中实践育人的保障机制还是缺乏的。

首先，从高职院校内部看，很多时候只是学校内学生工作部门、团委在发动，在开展实践育人工作，教学主渠道上参与的比较少，这不利于实践育人工作。从社会层面看，对大学生的社会实践活动发起是多部门共同发文，但是在实践过程中，只有共青团部门负责运作，其他部门很少问津，导致社会整体关注不够，主管职能部门责任不清，缺乏整体的联动机制，影响力小效果不佳，学校所在地的政府对大学生的社会实践活动也是说起来重要、忙起来不重要，口号喊得“雷声大”，行动做得“雨点少”。政府在行政上对学校的支持力度不大，给予的认识也不高，没有从根本上认识到实践育人的重要性，这在一定程度上影响了高职院校实践育人的效果。《高校思想政治工作质量提升工程实施纲要》指出：“完善支持机制，推动专业课实践教学、社会实践活动、创新创业教育、志愿服务、军事训练等载体有机融合，形成实践育人统筹推进工作格局，构建‘党委统筹部署、政府扎实推动、社会广泛参与、高校着力实施’的实践育人协同体系。”实践育人协同机制，目前还尚未完全成熟，需要进一步拓展，特别是要建立实践育人共同体，让政府、社会广泛参与建设实践育人共同体。

三、实践育人有效考核评价机制有待完善

评价机制是评价一项任务完成情况的优劣，促进下一步发展的有效手段之一，实践育人工作也不例外，要进一步促进实践育人工作就要对实践育人的效果进行考核评价，这种评价不仅仅评价高职院校本身，更重要的是评价政府等部门的落实情况，国家层面有许多关于实践育人的指导性文件，这些文件落实情况如何，效果怎么样，要对其开展评价。当然，高职院校自身评价或委托第三方评价自身的实践育人情况也是十分重要和必要的。但是现阶段，高职院校

实践育人评价机制主要是针对高职院校内部的评价，但是我国大多数高职院校实践育人机制考核评价机制还有待完善，有些根本还未形成实践育人的评价体系，已经形成的体系主要表现为考核模式单一、评定形式单一、激励模式单一等问题。一些高职院校虽然制定了相关的考核评价机制，但往往忽略了学生实践成绩与在校期间的学习成绩、入党、奖学金、评先评优等的联系，对学生缺乏有效的制约和激励。这是内部的评价，在完善内部评价的同时要进一步完善全社会对实践育人的评价机制的形成，这样才能进一步促进高职院校实践育人工作，才能为我国培养祖国需要的“工匠”。

第四章　高职院校实践育人共同体建设现状及趋势

高职院校实践育人工作单单靠高职院校自身力量是不够的，正如《高校思想政治工作质量提升工程实施纲要》指出：“整合各类实践资源，强化项目管理，丰富实践内容，创新实践形式，拓展实践平台，完善支持机制。”高职院校本身在高教系统中属于弱势群体范畴，无论从资金投入上看，还是从硬件设施或师资力量看，都是不如普通本科院校的，而且在社会上的地位也不高，每当被问起是职业院校的时候，不免有被轻视的感觉。这种固有的观念使高职教育处于劣势地位。如何为高职教育正名，让人们接受并尊重，高职教育自身的人才培养的能力提升是很关键的，有作为才有地位。那如何提升高职教育的人才培养质量呢？那就要突出对高职教育的实践能力的培养，实践能力的培养需要深入开展实践育人行动，实践育人需要搭建实践育人共同体，整合资源，为育人服务，如此方能进一步提高高职教育人才培养质量，同时，我们也要明白高职院校实践育人共同体建设的目标也是为了提高人才培养质量，为产业发展提供智力支持。

第一节　高职院校实践育人共同体内涵及特征

一、共同体的内涵

“共同体”一词在我们的日常生活中经常能够看到，比如一个家庭其实也是一个共同体，家庭成员是其中主体，一个家庭就是通过血脉联系在一起的共同体。“共同体”概念起源于古希腊哲学，是一个基本的社会学概念。有学者认为共同体可以被认为是一种基于某种共同性而组成的群体，它不同于简单的数字相加，或停留在共同生活的联合体，它表示一种具有共同利益诉求和伦理取向的群体生活方式。人类学家认为，人们基于一定的目的和需求，通过一定形式结合在一起的共同生活，形成一定的共通性和稳定性的关系，在此基础上建立起来的共在共处的组织化形式才称之为“共同体”。另外有学者认为共同体一般是指由若干相互联系、相互作用的要素在共同的条件下、按一定的方式组成的相对稳定的统一体，既包括有实体组织的共同体，如国家共同体、区域共同体等；也包括没有实体组织的共同体，如命运共同体、精神共同体等，共同体在本质特征上应该被理解为一种生机勃勃的有机体，不仅意味着一群人共同生活，而且意味着这群人在共同生活中形成了休戚与共的亲密关系。在过去，人们是以群的状态整体地存在的，从家庭到城邦再到国家，人们常常因某种关系而被归纳到某一个群体中，基于共同的血脉、生活习惯等影响下而带来的共同信仰与价值的伦理指引，城邦的成员在精神上的共同性就如同发酵剂一般，催生着城邦成员的相互认同感，比狭义的联合体多了一项塑造心灵的功能。亚里士多德在《政治学》开篇中指出：“由于所有的共同体旨在追求某种善，因而所有共同体中最崇高、最权威，并且包容了一切其他共同体的共同体，所追求的一定至善。这种共同体就是所谓的城邦或政治共同体。”综上所述，共同体大致有以下几个特点：一是有共同的目标，共同体具有一个大家都为之努力的目标，正因有此目标才把各个个体聚在一起为一件事而努力；二是有若干个个体或组织组成，共同体既然能称之为共同体，组成的成员当然不能仅仅只有一个个体，至少要由两个及以上的个体或组织来组建而成的；三是有共同的规则或工作准则，两个及以上的个体或组织组建的共同体，运行的过程中需要有一套互相都认为可行的并愿意为之坚持的规则，这样才能保证共同体的正常运转；四是具有共同性，共同体的最大特点就是具有共同性，无论是目标上、途径上、价值观上都具有一致性。因此，我们认为共同体是由若干个个体或组织由若干相互联系的要素在共同的条件下，在相同规则作用下，按一定的方式组成的相对稳定的统一体。

二、实践育人共同体内涵及特征

实践育人在这里主要指的高校实践育人，许多学者对高校实践育人工作开展研究与实践，并且这些理论多数是实践经验的提升总结，刘宏达、许亨洪等学者认为高校实践育人共同体从宏观上来讲，高校实践育人共同体是对高校实践育人各构成因素及其作用发挥的一种整体性制度设计，其作用在于凝聚目标共识、明确责任共担、促进机制共建、实现资源共享等；从微观上来讲，高校实践育人共同体是对高校不同目标、内容、形式等具体实践育人活动的一种整体性价值提升，通过建设课程实践教学共同体、社会实践活动共同体、创新教育项目共同体、创新创业实践基地共同体等，不断探索高校实践育人理念、内容、形式、方法等创新的有效实现形式。朱华等学者认为实践育人共同体的形成必须经过一个逐步构建的过程，实践育人共同体的构建主要包括目标共同、价值共识、利益共赢、资源共享、基地共建等核心要素，实践表明，夯实基础、丰富载体、营造氛围是构建实践育人共同体的有效途径。徐谨等学者认为实践育人是实践与育人的有机融合，注重实践教育形式对人才培养的重要作用，是高等教育教学改革与现代人才培养理念发展的主要方向，实践育人共同体是政府、学校、企业、社会等缔约建立的相互开放、相互依存、相互促进的利益实体，基于治理理论的核心思想，高校实践教育主体之间可以按照共同的目标，进行机制共建、资源共享，实现责任共担，为学生创新实践能力和综合素质的培养搭建实践学习平台。高校实践育人共同体是“围绕高校加强和改革实践教学、有效提升大学生社会责任感和实践能力所形成的各方面力量共同参与、共同发挥作用的结合体，是政府、高校、企业、社会各方面力量按照‘目标共同、机制共建、资源共享、责任共担’原则建立的实践育人载体”。综上所述，高校实践育人顾名思义是高校实践与人才培养的有机结合，高校实践育人共同体是政府、学校、企业、社会等以人才培养为目标，建立的互相开放、互相依存、互相促进的统一体，采用校政合作、校企合作、校社合作、政校企合作、政校社合作、校企社合作等方式，搭建平台、出台制度、建立机制，共同为人才培养服务。

高校实践育人共同体共有以下四个特征：一是各主体目标一致，根据产业发展需求，深化高校人才培养方案改革，培养社会所需人才，在同一目标下共同开展学科建设、专业建设、实践平台构筑、专业课程体系建设、工作过程系统化教学等活动，达到互相促进、互惠共赢、成果共享；二是各主体机制协同，主体双方或多方按照目标要求，完善沟通、协调、管理、保障等方面的合作机制，互通有无，建立起主体间协同机制；三是各主体间资源共享，无论是政府、企业还是社会同高校合作，都能实现资源共享、成果共享。政府可以借助与高校的共建过程中的成果来服务社会，企业和高校的研究成果可以在企业转化，培养的人才共享，实践育人资源投入共享，这些共享可以避免重复投入，整合资源，形成合力，促进人才培养；四是各主体责任共担，共同体在实施过程中，要共同承担在此过程中，对安全、损耗、经费等方面的风险和责任，实行合理共担，这样也有助于育人目标的顺利实现。如苏州科技学院充分利用校内外资源，积极与政府、企业、社区合作，建成专业实践、科技服务、就业创业等多种形式的育人共同体，推进实践育人工作规范化组织、制度化运行、常态化发展，探索具有本校特点的社会主义核心价值观培育路径。

三、高职院校实践育人共同体

高职院校实践育人是高校实践育人的重要组成部分，但是高职院校实践育人与普通高校实践育人有其不同的地方，就目前而言，普通高校实践育人在其人才培养教育过程中仅仅起到辅助作用，是作为正常课堂教育教学渠道的一种补充，但是对高职院校而言，实践育人在一定意义上看，与课堂教育教学育人具有同样重要的意义，有时候处于更加重要的地位，这是由高职院校自身的特点特性所决定的，高职院校培养的学生不仅有高等性，而且要有职业性，更加强调的是对实践能力和技术技能的培养，这就要求通过实践来培养人才，这种方式是切实有效的也是必须的。目前，高职院校中主要教学层面的实践教学如顶岗实习、见习，实训周等形式，还有就是学工、团委层面的社会实践、创新创业实践等形式，最终的目标是培养学生的专业能力、实践能力、技术能力等。在此背景下的，高职院校实践育人共同体，是为了达到高职院校育人的效果，政府、企业、社会等与高职院校建立实践育人的共同体，开展人才培养、科学研究、社会服务等多方合作的一种模式。高职院校实践育人共同体建设需要加强实践育人整体性制度的设计与推进，促进不同实践育人活动的管理融合和价值提升，对其内涵的把握就是要注重共同目标实施的顶层设计、重视共同参与实现的师生互动、强调共同作用发挥的过程融合、加快共同优势提升的机制共建等。高职院校实践育人共同体建设还要立足地方特色，高职院校立足地方，服务于地方经济建设发展，这也是不同于普通本科高校。因此，高职院校实践育人共同体是政府、高职院校、企业、社会等以人才培养、合作共赢为目标，建立的互相开放、互相依存、互相促进的统一体，采用校政合作、校企合作、校社合作、政校企合作、政校社合作、校企社合作等方式，立足地方特色，开展合作实践。

高职院校实践育人共同体建设是基于我国当下的时代背景，所倡导的新模式也是我国高等职业学校人才培养的重要导向。一改以往的教育形式，实践育人是对课堂理论教育的完善和发展，对于大学生的思想道德建设、专业技能培养以及职业规划都有着不容小觑的影响。作为理论教学、专业培养为目标的实训室是高职院校实践育人共同体建设的重要载体，在实践育人共同体建设中是至关重要的。有助于理论教学和实际操作的紧密衔接，通过实践育人共同体建设来提升大学生的综合能力。实践育人共同体建设能够提高学生的思想道德素质帮助学生加快社会化进程。因此，作为培养高技能社会人才为教学目标的高职院校，应该融合各方向各岗位学生的需要，深化实践育人共同体建设的改革和发展，完善科学合理的实践育人机制。实践育人方式展开的教育改变以教师为主体的模式，给学生机会主动去学习和思考，是学生主体性的学习模式。同时强调教育是“开放”和“发展”的过程，因为学生的成长终归是以个性发展为主要条件的。美国的一项研究表明：“所有对学生产生深远影响的重要的具体事件，有 4/5 发生在课堂外”。实践育人共同体建设能够调动学生接受教育的积极性。在这种教育下成长起来的人，不仅会掌握学到的知识和规范，而且还进行积极的道德思维和道德活动，逐渐形成适应社会、解决问题的能力和自觉性。

第二节 高职院校实践育人共同体建设的经验

关于实践育人或实践育人共同体的建设，西方发达国家做出了新探索，这些国家虽然和我国国情不同，在社会制度上也不一样，但这些国家在实践育人共同体建设中，其理念和成功的经验毋庸置疑是值得我们学习的。关于高校实践育人，国外许多高校也在不断地探索实践，比如欧美等一些发达国家的高校有的采用体验式的德育教育，但是一般还是采用灌输式为主的教育，这还不能满足学生日益增长的个性化教育需求。著名教育学家约翰·杜威曾提到"这种模式不仅不能触及反而制约了孩子的智慧和道德发展。"随着时代发展，教育能够推动社会进步的大背景下，一场教育回归生活的变革在 20 世纪的美国发展，约翰·杜威所提倡的"教育即生活，学校即社会"的主张渐渐影响了许多西方国家，中国青少年儿童基数在世界青少年儿童基数中所占比例很大，教育的发展和变革在中国迫在眉睫，需要结合我国国情，大胆选择能够为之所用的部分。在我国，近年来教育部实践育人共同体建设为高职院校发展和人才培养指明了明确方向，是高等职业学校在培养人才过程中应当首要重视的问题，也是高职院校进行教育深化改革的契机。

一、高职院校实践育人共同体建设理论基础

高职院校实践育人共同体建设，其相关理论基础是现有的社会学理论，因

为其本身就属于社会学的范畴，我们这里可以以社会学的相关理论为研究基础。一是社会系统理论：主要观点是个体生存和发展出现的问题是其与生活环境这一系统失调或失衡的结果，社会工作的任务就是恢复系统的均衡。在系统视角下，社工试图找出案主及其与环境的互动之中是什么因素导致出现了问题，并致力于处理个人问题的一般后果和更为一般的议题对个人的影响，同时协助案主寻求系统的支持以促进个人和环境的双重改变。一般的实践原则是：①从案主的情景出发，看到其限制和机会；②认识到情境的重要性，情景决定社工的目标和回应方式；③采用积极的视角赋意与正向解读；④辨识行为模式以看到积极的可能性和应改变之处；⑤重视过程，即关系和互动是如何产生的，以及内容和结果如何，要看到案主的正面技巧和积极的关系并尝试将此转移到另外的情景中；⑥强调合作，合作包括个人与个人之间的合作，个人与机构之间的合作，机构与机构之间的合作，这些搭建起个人网络支持系统，也能使合作发挥最大的效用。高职院校实践育人共同体建设首先就要从社会系统理论出发，它存在于社会中，而且是由不同的个体组成的一个系统，系统论在其中的重要作用可见一斑。二是赋权理论，赋权可在三个层次进行：在个人层次，使个人感觉到自己有能力去影响或解决问题；在人际层次，使个人与他人合作促成问题解决的经验；在政治层次，能够促成政策或政治层面的改变。Lee（2001）认为赋权实践的目标就在于协助案主赋权自己从压制性的生活之中走出来。在这样的实践中，社工要与案主维持伙伴关系并致力于社会层面的变迁。赋权就是要权能赋予其对象，从个体看是赋予个体，从组织看是赋予组织，实践育人共同体就是要将权能赋予共同体，让其根据目标开展实践工作，促进发展。三是马克思主义原理。马克思主义原理是指导我们实践的根本原则，马克思从政治共同体到社会共同体转向的学理研究路径，构成政治哲学史上的重大转向。马克思通过共同体范式的历史唯物主义转向，使得政治哲学的中心发生位移，并为他的政治哲学建构奠定了基础。马克思将他的政治哲学理念移植到社会共同体之中，进一步阐释社会正义、自由、社会平等。

二、高职院校实践育人共同体建设必要性分析

21 世纪以来，世界各国都高度重视对大学生综合素养的培养，综合素养的培养不仅需要通过课堂教育，而且更多地需要实践教育，特别是道德教育。道德源于生活、高于生活，培养学生的高尚品德的时候要注重贴近生活，强调在实践活动中突出学生主体性道德素质的培养，激发他们的积极性和创造性，以使教育产生内化效应。美国的许多大学特别是一些常春藤名校首先将是否参加过社会服务及具体时长作为能否录取入学的一条重要指标，学生要在学校的入学申请表里详细写明自己曾经参加过的社会服务，进入大学以后，实践活动更是学生生活的重要组成部分。美国布朗大学就把社会服务活动规定为必修课，并记录学分。各国都意在通过这些活动培养青少年的基本价值观和道德品质，特别是认同本国的爱国主义精神，如诚实勇敢的创新意识、自爱自律的道德情操、勤奋刻苦的奋斗意志等，增强学生的社会责任感，使他们逐渐建立社会参与意识并树立正确的价值观。在国外如此重视实践教育，那么在我国国内呢？虽然近年开展了一些实践教育活动，但是比起国外的教育还有待进一步加强，特别是以实践能力培养为重点的高职院校。我国高等职业教育的现状依然是以课堂教学作为主要形式，而课堂教学则主要停留在“传道受业解惑”的层面，虽然在教师在传授理论性知识的过程中，已经可以解决学生在“知”的层面上

的疑惑，如果想要真正符合“一把钥匙开一把锁”的模式培养高技能的人才，仅停留在“知”的层面还远远不够，把学生的理论通过大脑中枢的调控将其转变为职业所需的能力和技能时，还需要积极寻找实践育人共同体建设的有效途径。

现阶段，以艺术类高职生为例，如何将书本中的理论知识转化为职业能力是至关重要的。实践是检验真理的唯一标准，为此高职院校在艺术教育过程中，非常重视学生的动手能力。在美术师范类人才培养当中，重视学生的师范生技能首当其冲。在师范教育的高职院校中，学生大三的时候都会走入课堂，进行角色的转变。刚步入课堂，面对三尺讲台下面一个个稚嫩的脸庞，因为大三学生还未能做到胸有成竹，内心常常是慌乱的。学生常常在第一次登台后感慨颇多，感叹为何自认为已经准备充足而在台上却又非常紧张，为何不能巧妙地接住学生抛过来的“球”，而是思考如何避开学生的这个问题。甚至为学生在黑板上示范作画的过程中手也是僵硬的。艺术设计专业在各高职院校中是一个受学生欢迎的专业。该专业的学生需要具备较强的动手能力，“艺术来源于生活，却又高于生活”这句话想必大家都耳熟能详，也是每个艺术专业莘莘学子的追求。达达主义核心成员杜尚把一个从商店买来的男用小便池命名为《泉》，匿名送到美国独立艺术家展览馆要求作为艺术品展出，不同寻常的举动引发出“什么是艺术”的质疑。对于设计而言，单纯的闭门造车或许可以营造出别具一格的物象，但设计必须满足实用性，只有能够通过实践检验的作品方能称得上是艺术。如果只停留在观赏的层面经不起生活支撑的作品，即使再美观也是一件失败的作品。由此可见，不论何种专业在培养学生的过程中都需要实践的检验，当下种种现状也体现了实践育人共同体建设的迫切性。

探索高职院校实践育人共同体建设的有效形式，有效对接各主体的需求是实践育人共同体建设的原始基础，而需求的有效对接形式实际上就是实践育人共同体建设的有效形式。当前高职院校实践育人共同体建设对接需要主要有以下三方面：一是提高高职人才培养质量。目前，高职人才培养质量不能适应社会产业发展需要的情况比较普遍，学校培养的人并不是企业所需要的，这是我国高等教育的一个通病，原以为在高职教育领域会有所改变，事实上并没有改变，这就迫切要求高职院校转变人才培养方式，对接社会产业需求。如何实现？那就要和政府、企业、社会共建实践育人共同体，2017 年国务院办公厅印发的《深化产教融合的若干意见》里明确提出："受体制机制等多种因素影响，人才培养供给侧和产业需求侧在结构、质量、水平上还不能完全适应，'两张皮'问题仍然存在。深化产教融合，促进教育链、人才链与产业链、创新链有机衔接，是当前推进人力资源供给侧结构性改革的迫切要求，对新形势下全面提高教育质量、扩大就业创业、推进经济转型升级、培育经济发展新动能具有重要意义。""统筹协调，共同推进。将产教融合作为促进经济社会协调发展的重要举措，融入经济转型升级各环节，贯穿人才开发全过程，形成政府企业学校行业社会协同推进的工作格局。""校企协同，合作育人。充分调动企业参与产教融合的积极性和主动性，强化政策引导，鼓励先行先试，促进供需对接和流程再造，构建校企合作长效机制。""深化产教融合的主要目标是，逐步提高行业企业参与办学程度，健全多元化办学体制，全面推行校企协同育人。"二是弘扬传统文化特别是工匠精神的需要。我国拥有历史悠久的传统文化，也历来重视实践出真知，弘扬传统文化的有效途径就是实践教育，特别是我国关于工匠精神的文化，很早就有鲁班精神，就有师傅带徒弟的传统，我们需要传承我国传统文化中的精华。近期，我国很多央视节目都高度重视弘扬传统文化，比如《大国工匠》《经典咏流传》《中国诗词大会》等。三是紧扣新时代发展需要。国家大力推动“大众创业、万众创新”，促进高等教育要深化改革，转变人才培养方式，对高职院校也同样是一个时代的命题，如何推进创新创业教育，创新创业教育的特点具有实践性、社会性，创新创业是与产业相对接的，它的效果是立竿见影的，需要通过实践教育来促进创新创业教育，实践育人共同体的建设迫在眉睫。

三、校企协同实践育人共同体建设情况

目前，在高职院校中校企共建实践育人共同体比较普遍，形式也多种多样，比如签订合作框架协议共同培养人才，开展订单班培养等。比如金华职业技术学院遵循“校企合作，工学结合”的理念，提出“校内基地生产化，校外基地教学化”，学校与企业进行紧密型合作，一方面将企业的需求、标准、设备和师资引进校内基地，另一方面在企业建立校外基地。在此基础上，建设校企利益共同体，现已建有“众泰汽车学院”“高新 IT 学院”“学前教育学教研共同体”等 11 个校企利益共同体。各共同体成立理事会，组建专兼教师一体化的“讲师团”，建设“校中厂”与“厂中校”，实施资源共享、人才共育。为保障人才培养质量，校企联合招生，企业全程参与招生标准制订和面试；师徒结对，实施“双专业主任、双班主任、双指导教师和双教学场所”的双主体管理。据学校党委委员成军介绍，全校有正高职称教师 104 人，双师型教师占 90.3%。苏州卫生职业技术学院构建的“医教一体”实践育人共同体，克服了学校与教学协作型附属医院之间的“形合神散”的校企合作现状，解决了专业建设发展各要素，人才培养和临床医疗服务工作的有机结合，实现了学院和医院的双赢。

黑龙江生物科技职业学院以“校企深度融合，工学有机结合”的核心理念构建人才培养模式，与世界500强万达集团、英国联合营养集团，中国500强中粮集团、正邦集团、上药集团、华润医药集团等312家企业建立了校企合作关系。以企业师傅带徒弟的方式完成专业技能在企业真实生产、营销、管理等环境下的培养、培训和提高，将学生入企培训过程前移，提高了学生的就业认知和稳岗率。济南工程职业技术学院主要采用订单班模式共建校企协同实践育人共同体，比如现代学徒制“天齐班”的实践教学采用“工学交替”模式，从第二学年开始，每学期有 8 周的实践教学需要在天齐集团按照师徒结对子的方式完成，采用岗位轮训的方式完成岗位技能训练，提高学生的岗位技能。上海出版印刷高等专科学校积极推行“政府主导、企业参与、学校自主、适应需求”的办学模式，组建由出版印刷界知名企业和学校共同参与的校企合作理事会，建立政府宏观调控、理事会主导、系部与企业共同实施，行业协会等广泛参与的管理体制，形成“人才共育、过程共管、成果共享、责任共担”的校企合作长效机制，校企合作理事会成员牢牢把握合作办学、合作育人、合作就业、合作建设、合作发展、合作研究等关键点，进行实质性合作。理事会日常运行中坚持“二+五”原则，“二个建设”是指“校企合作理事会科学化机制建设”和“校企合作专业群建设”。通过“二个建设”，形成政府、行业、企业和学校一体的多层次、立体化办学体系，充分发挥各自优势，合力打造出版印刷高端技能型人才。“五个环节”即：分析校企合作理事会建设的背景和基础；明确理事会建设的指导思想、思路及原则；确立理事会建设的总体目标和具体目标；制定理事会建设的内容和步骤并组织实施；提供理事会建设的保障措施及预期效果，建成高效运行与关键绩效管理模式的校企合作理事会架构，真正实现育人共同体的目标。温州科技职业学院与企业合作，比如与浙江奥司朗照明电器有限公司联合开办“利浦尔 LED 产品设计与制造班”，积极探索多元化人才培养模式；与浙商证券联合举办“浙商证券投资经理班”；为进一步深化校企合作，培养复合型高技能人才，实现学生优质就业，与中国移动瓯海分公司联合举办“移动客户经理班”；授课内容不仅包括专业技能方面，更重要的是包含职业素养方面，由企业专门派部门经理或总经理来授课，提高学生综合素质。浙江艺术职业学院是浙江省优秀的全日制综合性高等艺术院校，根据其艺术类高职院校的特性，跟影视公司、音乐公司强化合作，打造实践育人共同体，培养艺术类人才，比如浙江艺术职业学院与太湖龙之梦乐园签订了合作协议，双方将依托各自优质资源，从人才培养、教学实践、定向委培、剧目创编等方向建立战略合作关系，共同打造优质职业教育实体。

四、校政协同实践育人共同体建设情况

高职院校与地方有着紧密联系，依托地方政府资源共建实践育人共同体是一种可行的方法，例如金华职业技术学院与金华市金义都市新区管委会等共同组建金义网络经济学院，采用创业型、实践型模式办学，有电子商务和物流管理 2 个专业，在校生 1000 多人；与金华市旅游局携手成立“金华市旅游研究院”，推动金华市旅游业的转型升级等。温州科技职业学院争取政府资源共建实践育人共同体，例如水利工程专业就是由学校与温州市水利局合作办学，水利局先后投入 600 万建设水利工程专业,接下来有望再次投入 880 万。该专业立足浙江省水利发展，利用水利科学研究所的科研优势，培养具有水利水电工程勘测、规划、设计、施工、管理等方面工作的技术技能型人才，目前已经培

养毕业生232名，在校生285名；浙江中小企业局认定的唯一落户在高校的省级小企业创业基地落户到该校；与温州市农业局共建温州市大学生现代农业创业园，孵化了一批农业小企业；与共青团温州市委共建温州青年创业学院，培训农村青年、农类大学生千余人；与温州市组织部共建全国首家大学生“村官”创业与研究基地，举办了“村官”培训班等；与温州市人民政府共建温州种子种苗科技园，该项目是温州市农口重点建设工程之一，得到市政府和相关部门领导的高度重视，按照“高标准、高起点”的要求建设种子种苗科技园，科学谋划、精心组织、克难攻坚，稳步推进种子种苗科技园建设。发挥科技园种质优选、展示示范、标准生产、教学实训、文化体验等功能，实现对高技能人才培养、农业科技创新的支撑作用，并不断注入电子商务、时尚农业等元素，成为温州现代农业发展的引擎，从而带动都市农业、休闲产业发展。种子种苗科技园占地1000多亩，为涉农专业大学生的专业学习提供了很好的保障。政府是支持高职院校发展的强有力的力量，温州职业技术学院在借力政府资源方面都发挥了自身的优势，比如温州职业技术学院与瓯海区政府共建位于时尚智造省级特色小镇的温州设计学院。温州职业技术学院同时也是国家级众创空间，为温州职业技术学院新技术应用创新创业人才及新技术创客培养服务。浙江工贸职业技术学院与政府或事业单位合作建立了创客实践平台，与温州报业集团共同建立了浙江创意园，该创意园主要以文化创意为主培养文化创客；与温州市科技局共同建立了温州市知识产权服务园，主要以中介服务为主，提供专利、商标、版权等服务。浙江东方职业技术学院与温州市民政局建立了民政管理学院，与温州市商务局建立供应链学院，为创客培养搭建了平台。浙江安防职业技术学院建立温州市智能家居研发中心。

五、校社协同实践育人共同体建设情况

高职院校与社会协同实践育人共同体建设，这里社会是广义的，包括行业、社会组织、社会机构等，这方面的合作也是广泛的，可以多方也可以互相合作，高职院校在这方面也做了一些尝试。比如浙江建设职业技术学院依托行业资源多元主体办学，学校、协会签订的行业联合学院合作协议，学校、协会、合作企业三方签订现代学徒制办学协议，学生和合作企业签订现代学徒制人才培养协议，“1+1+X”基于行业联合学院的现代学徒制在行业联合学院理事会的领导下成立专门的现代学徒制试点项目组，由行业协会、相关合作企业和学院共同组成项目建设团队，围绕共同育人目标，发挥各自优势；学校出学生、协会出平台、企业出岗位，由行业牵头制定学徒（学生）培养方案、企业师傅标准；企业共享师傅、岗位、分担人才培养成本；学校提供学生，落实合作专业。东莞职业技术学院与培训机构合作，学校与市人力资源局共同牵头，联合市内大中专院校、行业协会及培训企业成立了东莞市职业培训联盟，加强与培训行业、企业的合作，在各镇区设立了培训点、培训中心、培训学院等培训机构，为社会各界提供学历进修、职业培训、技能鉴定等服务。广东机电职业技术学院与广东机电职教集团合作共建实践育人共同体，以职教集团为平台、依托“预就业”育人体系的产教融合、精准育人常态化机制，通过岗位锻炼、名师讲座、专家教学、师徒传授、现场改进、课题小组等方式开展人才培养，学校扎实提高人才精准培养水平，高度对接企业需求，企业不断获得稳定适用的学生，参与人才培养的动力也更足。学校联合企业、行业协会，组织开展各类校园职业技能、科技实践、创新创业竞赛，很好地实现以赛促学、以赛促教。由此，学校与企业之

间的合作逐渐由简单版升级为复合版、多元版，合作培养的人才更加适用，合作发展的内容更加多样，形成校企紧密联动的“双主体、双课堂、双课程、双教师”精准教学模式，并根据企业人才需求及学生个体成长等客观差异化特征，设定“目标、标准、模式、资源、评价、就业”6 个方面的精准观测点，实行“技能—素质—文化”三条线结合的融通培养，以职教集团为核心支撑面，构建出“六精准三融通一支撑”的精准育人体系，不断促进产教真融合。温州科技职业学院与中国银河证券联合举办“银河证券客户经理班”，与温州市水产精品商场联合开办“水产精品营销班”，与温州市基地生猪专业合作社合办的“生猪养殖提高班”等合作班。学校与农业基地、农业专业合作社共同实践“导师+项目+团队+基地+农户”的创业实践模式，为学生创业实践提供支持。如在瓯海区、永嘉等地示范种植水果玉米，在当地形成玉米基地上万亩，真正实现了“把成果留在农户家，把论文写在大地上”。这既是大学生创业致富的途径，也是农户增收的途径。温州职业技术学院与企业、行业建立了浙江省温州轻工机械技术创新服务平台、浙江省温州服装产业技术创新服务平台、温州市家具工程技术研究中心、温州鞋革行业科技创新公共服务平台等平台 40 多个，另外建立创业草根园、创业商贸园和创业精品园，占地面积接近 2500 平方米，作为温洲职业技术学院大学生实践平台，为学生实践提供了广阔的空间。浙江工贸职业技术学院建立了省级国际服务外包示范园，平台的建立为实践育人共同体建设服务。

第三节　高职院校实践育人共同体建设的趋势

马克思主义发展论认为世界是永恒发展的，发展的实质是事物的前进和上升，是新事物的产生和旧事物的灭亡，事物总是在发展变化的，在“互联网+”“大众创业，万众创新”、高等职业教育深化改革的大背景下，高职院校实践育人共同体建设路径与方法也在发生着变化，主要呈现出以下几种发展趋势：

一、以专业建设为基准的实践育人共同体建设趋势

高职院校发展核心是专业建设、专业发展，这是人才培养的根本，实践育人共同体的建设应以专业建设为基准开展，脱离了专业的实践育人共同体就像无根之木、无源之水，不利于其长期发展，以专业建设为基准的实践育人有些高职院校在探索中，比如温州职业技术学院充分结合专业开展实践育人共同体建设，该校与企业深度合作，将组织学生进行企业实践作为加强和改进高职院校高素质技术技能人才培养的一项重要内容，以活动教育理念为引领，通过“产教融合、资源共享”创新“认知+专业+顶岗”有组织的企业实践模式。其中，大一认知实践，大二专业实践，大三顶岗实践，认知实践是基础，专业实践是核心，顶岗实践是关键。时间上逐层递进，三年不断线；广度上由宽到窄；精度上由粗到细，通过有组织而非无序的企业实习实践，使学生基本技能和基本素质、专业技能和专业素养、岗位能力和社会能力得到较大的提高。认知实践是学生在大学一年级暑假，利用一个月进行企业认知，通过学校教师和企业师傅的组织和引导，进行一些简单的操作和简单的辅助工作，从而获得直接或间接的生产实践经验和岗位认识，为接下来的专业实践打好基础。专业实践是学生在大学二年级暑假一个月进行企业专业阶段实践，为满足企业用人需求，学校教师和企业师傅有计划、有组织地指导学生将专业知识技能运用到生产实践中，进行一些复杂的操作和综合性工作，并从事一些产品的生产，为顶岗实践

打下坚实的基础。专业实践是由系部统一组队安排学生到企业参加实习，并为每个实习团队指定专门的学校指导教师和企业技术师傅共同完成专业实习指导工作。专业实习主要培养学生专业技能和专业素养，提高理论联系实际，将所学的专业知识运用到生产实践中去解决实际问题，实现育人目标。顶岗实践是学生在大学三年级的第五、六学期安排一段较长的时间进入企业岗位实践，使学生将在校所学全部专业课程知识和企业提供的岗位实现对接。在学生顶岗实践阶段，以企业实际生产为依托，由各系为顶岗实习学生制订具体轮岗计划，共选实习课题，共同指导完成，为企业了解学生、学生了解企业搭建互动平台，也为学生顺利实现就业提供有利保证。

二、以政校企社多方合作共建实践育人共同体趋势

以往高职院校实践育人共同体建设主要是双方合作为主，随着经济社会发展，这种共同体的组成主体在不断地拓宽，从双方向多方合作发展。比如苏州工业职业技术学院建立企业学院由市政府主导、行业企业参与的“四方合作”理事会，近三年来校企合作共建了 9 个企业学院、60 个企业冠名班、6 个“校中厂”和 12 个“厂中校”，开发课程 53 门，订单培养学生 1386 名，建立了 16 个企业教师实践工作站和 13 个企业教学点，形成了以企业学院为特色的“人才共育、过程共管、成果共享、责任共担”的紧密型合作办学长效机制。东莞职业技术学院与政府、院校、行业、企业共建了混合所有制产业学院、定向培养班、“学产服用”合作基地、大学生创新创业中心、培训机构五类校企合作平台，形成了以校企合作办学、现代学徒制实践、工学交替、技术研发与服务、技术技能培训为主的五种校企合作模式，对混合所有制、现代学徒制、工学结

合、产教融合等先进职教理念进行了实践。该学院与与政府机构、企事业单位合作，按照混合所有制模式，共建了东莞职业技术学院建筑学院、广东三正酒店管理学院等混合所有制产业学院，东莞职业技术学院建筑学院由学院牵头，联合市住建局下设的市建筑科学研究所、市建设工程检测中心两家国企和市万科房地产股份有限公司等两家民企，按照混合所有制模式共同建设，开展多主体合作办学，构建“专业共建，课程共担，教材共编、师资共训、基地共享、人才共育”的校企合作人才培养体系。这种多方形成的实践育人共同体，能更好地整合多方资源，形成合力，共同促进高职人才的培养。

三、以创新创业教育引领实践育人共同体建设趋势

高职院校实践育人融入创新创业教育为当下高职院校培养指明了方向。以提高创新创业能力为目的，依托职业院校实践育人活动载体，创新实践育人方法途径，对于提高高职院校实践育人成果，构建长效实践育人机制是新一轮发展和改革的要求。对高职院校学生的成长和成才有着举足轻重的影响，在当今实践育人融入专业教育、创业教育情况的大局势下，岗位实际所需并融入因材施教的教学原则两者怎样结合是迫在眉睫需要考虑的问题。融入创新创业教育的过程中怎样有效利用社会资源，产生实践育人合力，从而发挥重要性，是需要考虑的问题。此时，积极借鉴各高校实践育人的有效机制，善于挖掘建立健全机制的有效方法，对任何高职院校都有着不可磨灭的影响。

创新创业教育已然是高职院校改革的主要方向，以提高创新创业能力为培养目标，依托高职院校实践育人活动为载体，增强高职院校实践育人的成果，构建长期有效的实践育人机制是新一轮创新发展的要旨。调查各地高职院校实

践育人融入创业教育情况，在这里需要详细解释下创业教育的内涵。创业教育是培养具有基本的创业素质和开拓性高职人才为基本导向，一改以培育在校学生的创业意识、创新精神、创新创业能力为主的教育的现状，转变成要面向全社会，针对那些打算创业、已经创业、成功创业的创业群体，分阶段、分层次地进行创新思维培养和创业能力锻炼的教育。综上所述，可知创新创业教育最真实的目的则是秉着实用原则的实践育人模式，结合各专业所需，同时发挥最大能力整合社会有效资源，对于高职院校而言都是意义非凡的。

例如，徐州工业职业技术学院关注学生在校期间创新创业教育，积极开展教育教学改革，重构课程，构建了“创业教育+专业教育”二元融合的课程体系，拟定相关支持和优待的政策，同时出台相关有利于深化改革的方案，一改以往单一式的考量标准，建立健全有关的考核体系，增加了相关的学分建设，出台了弹性学制。在教学模式上积极改变和创新，将创新创业教育融于高校人才培养的全过程。高校实践育人融入创业教育离不开政府的支持，学校的重视，好的点子需要运转起来关键在于“做”，积极推进创业基地建设，当地政府积极提供政策和资金的支持，建设大学科技园。除了大学科技园，校企合作对于高职教育也是至关重要的，该校积极与企业合作建设企业创新创业基地。

高职院校自创立开始就与行业企业有着紧密的联系，借力行业企业的资源建立平台，整合资源为高职人才培育服务。联合建立创客空间。创客空间也称“创客实践平台”，高职院校的创客空间与社会上的创客空间不同，它可以与学生专业实训室、实践实习基地结合在一起，能让学生在学习实践过程中提升能力。如温州职业技术学院借力企业资源，成立了“温州产业科技众创空间”培养新技术应用的创新创业人才，成功孵化出群创网络科技有限公司、萝卜头工作室等40余家新技术应用型创业企业。同时与企业合作，坚持“立地式”研发，共有41个省、市级技术研发服务平台，每个平台要求至少对接一个创客团队，培养创客。温州科技职业学院通过打造“实体+虚拟”创客空间，与梦多多小镇、MISSDOG哆小姐宠物店等建立了大学生技术应用创新创业基地（即创客空间）；同时在校内改造了温州科技职业学院附属动物医院，集休闲洽谈、技术服务、人才培养为一体的实体创客空间。虚拟层面，则采用了“项目制”模式，一个导师团队带一个学生技术应用创新创业团队，比如畜牧兽医专业的畜禽检测服务团队，通过技术应用来服务温州畜牧产业；动物医学专业的宠物诊疗创业团队，参与宠物医院的技术服务与经营管理；宠物养护与驯导专业的宠物美容精英团队、宠物行为驯导创新工作室、宠物社区化管理平台等，这些团队覆盖了三分之二以上的学生。这些实践共同体的建设促进了人才培养。

河北工业职业学院高度重视创新创业教育教学改革工作，始终坚持“基地引领、制度保障、校企联合、协同推进”的育人模式，健全了德技并修、工学结合的育人机制，搭建了具有专业特色、配套功能完善、承载能力强的大学生创新创业孵化基地，建立健全了文化引领、课堂教学、指导帮扶、创业实践、基地平台融为一体的创新创业教育体系，引领高职发展。培育孵化基地，2015年，该校依托河北省重点专业——电子商务专业的优势，深入开展校企合作，联合石家庄赢拓电子商务服务有限公司创建了以服务“互联网+”、电子商务、双创教育等为特色的国家级众创空间——育米众创空间。投资700余万元，场地面积5000平方米，创客工位800个，可为50家以上创业团队提供全方位孵化服务。目前已经孵化初创企业23家（其中科技型中小企业10家），在孵团队30个，创业导师61人。2016年2月，该校育米众创空间被评为第二批“国家级众创空间”。学校以“大众创业、万众创新”为主题，以创客咖啡为载体，创办了以“创业投资主题+开放办公空间+创业孵化器+创新实训+IT 体验”为特色的创业技术交流平台，通过打造环境、培养氛围、提升专业兴趣和凝练资源，向学生提供开放、自由和灵活的技术交流空间，同时为有创业意愿的学生提供技术支持。目前入驻新华创客、觅云研究院等六家科技型企业，为学校创业学生提供技术支持，实现技术创新与突破。

东莞职业技术学院依托大学生创新创业中心，开展技术研发与服务。大学生创新创业中心包括大学生创业实践基地、技术研发与服务中心、政府财政绩效评价中心、市机器人公共服务平台等校企合作载体。学校依托大学生创新创业中心，一方面对学生开展创新创业教育，另一方面对政府、行业、企业——尤其是中小微企业开展技术研发与服务。比如，依托东职融兴印务中心，教师根据企业需求，对企业两款旧设备进行了升级改造，每年为企业节省成本近百万元。

综上所述，创新创业是推进我国经济转型发展的关键举措，也是促进高等教育改革发展的重要途径，高职院校实践育人共同体的构建，其未来的发展趋势以创新创业来引领是毋庸置疑的，也是高职教育发展的应有的题中之意，因此我们在将来打造实践育人共同体的时候应该要考虑创新创业因素，其实由于创新创业自身的特性问题，本身都是由许多共同体共同打造的，而非单单学校一家之力。

四、以国际化合作共建实践育人共同体机制的趋势

高职院校实践育人共同体的建设要把眼光放远，当前是全球化浪潮席卷全

世界，没有哪一个国家可以独立于此之外，高职院校实践育人共同体的建设也将需要与国际接轨、深化改革、整合国际资源为我们高职人才培养服务。比如上海出版印刷高等专科学校以“海外工作站”建设为契机，培养国际化高技能人才。为了进一步提升人才培养质量，更好地服务行业，学校坚持“适应国家出版印刷‘走出去’战略、适应上海国际化大都市建设、适应国际化高技能人才培养”的工作方针，加强国际合作。目前，学校已与20多个海外学术和教育机构建立了校际合作关系，进行印刷技术、出版传播、动漫设计等方面的合作办学和学生跨国（地区）交流，并在莫斯科印刷学院建立了“海外工作站”和“学生暑期实习基地”。同时，为进一步提升教师业务水平与国际交流能力，学校每年选派优秀中青年教师去国外著名高校进行业务进修，开展科研、培训、交流互访等多项合作。今后学校将与海外教育及培训机构合作建立若干海外工作站，使其成为国际交流与合作的窗口、桥梁和进一步推进国际化办学的有力工具。义乌工商职业技术学院国际化之路是值得借鉴的，根据《浙江省高等教育国际化发展年度报告（2015年）》显示，义乌工商职业技术学院国际化总体水平在浙江省同类院校中排名第四位，而外国留学生占在校生总数百分比达到了12.51%，在全省所有高校中排名第二。义乌是一座国际化的商贸城市，与世界上200多个国家和地区有贸易往来。义乌工商职业技术学院依托义乌优势，强化国际化教育，同时强化实践育人共同体的国际打造，形成了自己的特色。

五、以结合地方文化引领高职实践育人共同体建设趋势

地方高职院校与地方文化有着密切的联系，其实践育人共同体打造离不开

当地文化的引领，比如地处温州的各大高职院校，温州科技职业学院、温州职业技术学院、浙江工贸职业技术学院、浙江东方职业技术学院、浙江安防职业技术学院等，都或多或少与温州文化相融合，温州地处浙江南部，三面环山，具有“七山二水一分田”的地理环境，使当地农业发展受到阻碍，但是当地人口又多，土地根本不能满足人民的需求。南宋时期，温州知州吴咏说：“总一岁之收，不敌浙西一邑之赋”。那时的土地压力已经显出端倪，建国之后的情况是怎样的呢？据资料显示：1978 年，浙江人均耕地 0.68 亩，不足全国平均水平的一半，仅为世界人均水平的 1/6，而温州人均耕地 0.52 亩，其中永嘉的桥头镇人均耕地仅 0.28 亩，且“土薄难植”。如果仅仅依靠农业那肯定是不行的，必须想方设法让自己活下去，后来人们开始从事手工业、小商业，还有很多温州人走南闯北，去外地讨生活，有分布于全国各地的，也有远至欧洲各国的，这种“恋乡不守土”勇敢走出去、敢闯敢干的区域创业精神也就应运而生了。温州创业精神还受到温州区域历史文化的影响，在南宋时期，浙江东部地区逐渐兴起的事功学派，这可以说是近代温州地区功利主义思想的来源。其创始人薛季宣、陈傅良均为现浙江温州人，代表人物有叶适、陈亮、吕祖谦，其中以叶适为事功学派之集大成者。事功学派主张“工商皆本”“商借农而立，农赖商而行”和“义利并存”等观点，反对空谈性理，讲究实效，主张义利并举。事实上，事功学派所主张的正是一种“经世致用”的价值取向。将治学与经世相统一，治学的目的就是经世致用，直指目的本身，不尚高谈阔论。到了清代，黄宗羲明确强调“学问所以经世”，治学的目的“大者以治天下，小者以治民用”。简言之，“见之事功，经世致用”是事功学派的理论出发点，也是在这方土地上所孕育的人民的共同认识。这样的历史文化传统对当地人民的意识形态产生深远的影响。从温州的地理位置特点与历史特点来看，产生了当代温州创业精神，其内涵主要包括以下四方面内容：

1. 自主自立精神

温州的创业者或者企业家大都是白手起家，而且非常敏锐地追随市场变化，看到市场需要什么就生产什么，正所谓“有市场的地方就有温州人，有温州人的地方就有市场”。从不“等、靠、要”，也不依赖政府来补给或政府政策给予照顾，温州人有一种完全靠自己的性格，自立更生，自讨生活。比如温州的体育馆、飞机场等都是温州人自掏腰包建立起来的，这就是温州人的自主自立精神。

2. 创新创造精神

温州人被国人戏称为“东方犹太人”，这也反映出了人们对温州人的聪明才智的认同。温州人是“敢为天下先”的人，是敢于创新创业的人，是敢于从无创到有的人。诸如出现了“胆大包天”的王均瑶，出现了国内第一批个体工商执照，出现了第一座农民城，出现了第一批股份合作制企业等，这种创新创造的精神造就了“温州模式”。

3. 团结合作精神

温州企业家或者创业者非常注重合作，诸如前几年出现的“温州炒房团”虽然在有些人看来是有点贬义的味道，但从中也不难看出温州人抱团合作的意识之强烈。温州人到一个行业或一个地方去发展或创业，只要自己小有成就立足了，就会把亲戚、朋友带到这个行业来，充实行业的上、下游产业链，或者邀请亲戚、朋友到同一个地方去发展。温州人喜欢跟自己人合作，也喜欢跟陌生人合作，只要能达到共赢的局面就算短期亏损都没关系，温州人喜欢和别人一起合作开展工作。

4. 艰苦奋斗精神

温州企业家或创业者是十分务实的，以踏踏实实的精神做实业，从最微小、最辛苦、最不起眼的小生意做起，在最细微处、缝隙处、日常中发现市场，脚踏实地，步步为营。跑遍千山万水，历尽千辛万苦，想尽千方百计，说尽千言万语，有百分之一的可能，就以百分之百的努力去追求。晚上“睡地板”，白天“做老板”，特别能吃苦，做起生意来不卑不亢。

当代温州创业精神主要就包括以上自主自立、创新创造、团结合作、艰苦奋斗，这与创客文化的内在精神（自主精神、志愿精神、工匠精神、首创精神、创造精神、实践精神、共享理念）有其内在逻辑联系，比如温州创业精神与创客文化都强调自主性与能动性，只是偏重点不同，前者偏向实践方向，后者偏向理念思路方向；都强调首创性与实践性，前者偏向于新模式、新方法来创立基业，后者更偏向于从无到有，更加强调精益求精的工匠精神；都强调共赢共享共合作；都强调能艰苦奋斗，只是前者侧重点在于吃苦，后者侧重在于热衷奉献。温州创业精神正是可以引领温州高职院校实践育人共同体建设的有效途径。

第五章　创业教育引领高职院校实践育人共同体建设

高职院校实践育人共同体建设是关系到高职院校转型发展的重要因素，如何建设实践育人共同体是一直困扰着高职院校的问题，特别是近几年，高等教育的改革不断推进，高等职业教育的改革也在推进，但是其核心是围绕产教融合、创新创业精神能力培养等，最终的目标是提升人才培养质量，能为我国产业发展提供长足的智力支持，让我国从人口数量大国向人才质量强国转变，从人口红利向人才红利转变，为实现我国“两个一百年”目标提供人才支持。从这些层面看，高职院校实践育人共同体建设的意义重大，我们要不断去探索其有效的方法与途径，当然虽然高职院校自改革开放以来也经历了30多年的发展，但是关于实践育人共同体建设的经验还是不足的，往往停留在表面的比较多，真正深入的建立实践育人共同体的比较少。本文认为要以创业教育引领高职院校实践育人共同体建设。

第一节　整合社会资源服务高职实践育人共同体建设探索

高职院校实践育人共同体建设可以由“政、校、行、企”四方共建，政府、高职院校、行业或社会、企业四方协同一起建立共同体，培养高职人才，这也是落实国家关于职业教育政策要求。“政、校、行、企”四方的社会资源的整合服务于高职实践育人共同体建设，这些资源整合的落脚点还是要以创业教育来推进共同体建设。我们以温州科技职业学院为例说明以下途径的实践育人。

一、政、校、行共建实践育人共同体

该校整合社会各界资源，与共青团温州市委、温州市青年联合会、温州市青年企业家协会共同建立实践育人共同体——温州青年创业学院。温州青年创业学院是以温州科技职业学院为主阵地，整合社会各界资源，面向全市广大青年，提供创业培训、资源共享、创业成果和项目推广，融创业教育与实践于一体的创业服务平台。根据面向社会、独立建制运行的需要，温州青年创业学院由院长、副院长、学院办公室、创业教育培训中心、创业研究推广中心、创业资源共享中心、创业项目推介中心等机构组成。其中，院长主要负责学院的战略规划发展；副院长主要负责学院的日常运作管理；学院办公室主要负责学院与全市各部门、各高校、各企业的工作协调和对外宣传交流工作；创业教育培训中心主要负责创业教育培训方案的制订与实施；创业研究推广中心主要负责创业教育理论与实践的研究和成果推广；创业资源共享中心主要负责创业融资信息服务、创业信息平台建设和见习基地建设与管理；创业项目推介中心主要负责创业项目推介工作，比如举办了瓯海区青年学生网商创业培训班，为大学生讲授了从淘宝开店、网店运营、商家工具、客户服务、网络创业环境分析、开店前准备、网店推广等内容；举办了瓯海区青年农业创业培训班，重点围绕瓯海区农业创业青年在农村所面临工作的实际情况，安排了青年创业知识、“三农”优惠政策解读、农产品营销知识、农村合作社组建、现代农业种植新技术、与农业企业家交流等内容。针对涉农专业大学生开展系列培训，设置了创业素质培养、基础创业教育、网商创业、农类创业、创意产业创业等五大模块内容。比如创业素质培养，就协同共青团、温州市人力资源和社会保障部门共同举办的促进农村青年就业创业培训班，参加培训的人员包括在农业领域创业（包括种植、养殖、加工等行业）的优秀青年、其他在农业、农业社会化服务等领域创业较突出或服务新农村建设、带领农村青年致富等方面表现突出的农村青年等，培训内容主要包括 SYB 创业培训课程，从“你是否适合创办企业，办什么样的企业”到“你的企业构思，市场调查、市场分析”，最后“形成创业计划，制定创业行动计划”等十个步骤，主要为农村青年理清了创业思路。有关支农惠农的优惠政策和相关的金融知识也进行了讲解。

二、政、校、企共建实践育人共同体

温州科技职业学院与温州市农办、农业局、企业共建实践育人共同体——温州市大学生现代农业创业园。举办温州市大学生农业创业就业助推行动，每年根据实际情况，推出系列服务青年学生举措：比如通过帮扶结对，50 多位农业技术专家与大学生创业者结对，为大学生农业创业提供咨询和指导服务。再有就是加强典型宣传，组织开展大学生“农业创业之星”评选活动，全市范围评选农业创业之星，对他们的事迹进行广泛宣传。还有就是提供信贷支持，省农村信用合作联社温州办事处对首批农业创业之星和提名奖获得者共授信 2000 余万元，帮助农业创业者加快发展。另外研究扶持政策，出台鼓励大学生开展农业创业就业的扶持办法，为大学生人事、资金、社会保障、项目申报、注册登记、税费减免、信贷服务、土地流转、职称评定等方面提供优惠。通过举办报告会，扩大影响，邀请了学校校友乐清乐都农业开发有限公司的朱良文、温州神鹿有限公司的黄文斌等农业创业就业代表在报告会上汇报了自己的事迹。评选并授予五家企业为“温州市大学生现代农业实践基地”。另外，温州科技职业学院与温州市发改委、企业共同搭建了温州市大学生网商创业园。网商创业园在助力大学生创业方面提供了强有力的支持，孵化了一大批网商创业者。

案例 1：

五名大学生深耕农田当创客

“创客”一词“闯入”政府工作报告，激起了很多温州人的创业梦，大众创业、万众创新成为了当下的一股潮流。近日，记者在温州科技职业学院种子种苗科技园里，便见到了 5 名追梦的学生创客。

这 5 人分别是陈嘉威、张俊、余颖红、王祥和周波，均系温州科技职业学院今年的应届毕业生，他们个个晒得皮肤黝黑，正忙着在大棚里培育番茄、南瓜等作物，脚上的雨靴沾满了泥巴，身上的短衫被汗水浸透。

半年前，他们自主选择参加了学校的“三新”（新品种、新技术、新模式）创业项目，告别安逸的校园生活，来到距学校 30 多公里远的科技园里深耕。每天 7 时起床，8 时不到便会扛着锄头到地里干农活，一忙就是一天。

张俊说，最初他们更像是活在当下的拓荒者。他举例说，科技园附近缺乏水源，他们花了一个多月的时间开凿了近百米的浅渠，通过收集雨水来灌溉作物。现在，在他们 5 人照看的 10 个大棚中，已种出了番茄、南瓜、黄瓜、西瓜等作物，且长势优良。

5人中唯一的温州人陈嘉威说，他每天都会赶早到大棚查看作物，每次看到作物长高一点，就觉得自己的付出没有白费，创业之路也会走得更踏实。“最初报名时家里人并不是很支持，他们认为下田地创业太辛苦，还不一定成功，劝我不要去。但我想证明我能行。”

“以前搞农业是靠天吃饭，现在我们是通过技术培育新品种、促进单亩增产。”王祥说，像他们培育的黄妃番茄，不同于一般的红色番茄，皮薄多汁，味道鲜甜细腻。板栗南瓜则是小瓜型早熟南瓜新品种，肉质致密，味如板栗。

目前，他们5人正运用“互联网+”销售模式，将传统农业的产出通过网店、微信的形式进行推销。上周，他们还邀请了一批顾客到田里进行了现场采摘，切身感受绿色无公害的农产品在刚摘下时的味道，一个下午不到就获得了1000余元的收益。温州科技职业学院教务处处长黄瑛表示，学校十分重视学生创业工作，下一步将继续加大对学生创业的扶持力度，帮助学生孵化出更多的创业项目。陈嘉威等同学均表示，走进农田的实践，让他们学到了课本上没有的知识。毕业后他们打算先找一家企业或科研单位继续深造农学技术，经过一段时间的锻炼后，再计划延续自己的创业梦想，筹资开个农场，做一名高水准的现代农场主。

三、校、生、企共建实践育人共同体

校、生、企共建实践育人共同体，主要采用的方式有：一是“教师+学生+校办企业”，教师指导，学生在校办企业中参与经营管理，如目前实施的学生到学校附属动物医院当值班医生的模式。二是“学校+学生+校友企业”，学校筛选优秀校友企业（专业创业企业），在学校协同下，学生到校友企业参与经营管理，在双方协商一致的前提下，可以参股到校友企业中，学校为校友企业提供技术支持。三是“学校+学生+社会企业”，学校从校企合作基地中筛选深度合作社会企业，统一安排学生到社会企业中参与经营管理、技术服务，学校为企业提供人才与技术，企业为学校提供实践平台，三方有意向的话可以采取股份合作制深入推进合作。四是“师生企协创”，所谓“师生企协创”是指以导师或学生或企业单方或多方的各类项目为依托，学生以团队为单位，导师、学生团队、企业共同运用专业技术开展创新创业实践活动，从而培养学生的创业能力。“师生企协创”路径与前两种路径的不同在于责任按三方协商共同承担，盈利按贡献大小分配，优势在于发挥各自优势，导师发挥专业技术优势，学生发挥劳动力优势，企业发挥资金、人脉优势；在整个过程中，导师与企业更多的是扮演着辅助者、指导者、教育者的角色，目的是培养创业人才；学生团队参与其中负责运行整个项目。比如温州科技职业学院的水果玉米项目采用的就是“师生企协创”路径，水果玉米品种是由温州科技职业学院导师团队研发的新品种，种子专业的钱同学组建创业团队，带着水果玉米项目，在温州市瓯海区泽雅镇建立水果玉米基地，并与当地农村合作社合作，聘请当地农户进行耕种，我们可以将其概括为“导师+项目+团队+基地+农户”形式，收到了很好的效果，不仅能大大提高学生创业成功率，培养了学生，更能带动农户致富。按此路径，还孵化出了设施农业专业姚同学的特色樱桃番茄栽培种植项目，畜牧兽医专业姜同学的家庭农场项目等。再如星创生态农业项目，设施农业专业裘同学与同专业的同学组建创业团队，由朱老师、应老师等组成导师组提供指导，学校在科技园中规划出一块基地供该学生创业团队进行创业实践，学校下属公司提供场地、资金支持，他们主推天然无污染的果蔬，同时提供配送服务和采摘游服务，深受市民喜欢，学生也乐此不疲，积极投身于现代农业创业实践，培养了学生的创业能力。又如，宠物养护与驯导专业学生团队在导师的指导下，与法国皇家宠物食品有限公司、MISSDOG 哆小姐宠物店等合作，开展宠物用品营销及宠物美容等业务，主要由学生负责经营。近年，通过“师生企协创”路径，大大提高了学生创业成功率，培养了一大批创业者。

四、校、企共建实践育人共同体

高职院校自身创办的企业，建立起实践育人共同体——动物医院。宠物医学专业学生毕业后，主要从事宠物医疗助理、宠物美容、自主创业工作，在工作中直接面向宠物和宠物主人，实践性极强。因此，实践教学计划和实训基地的建设的成就与专业人才培养质量息息相关。通过双向选择，成立了宠物医学导师团队、宠物义诊实践团队、宠物医疗实践团队三支队伍。通过现代学徒制的教学形式，学生在课堂上学习理论与实践技能，在课下跟随导师值班，承担相应的岗位职责，直接参与社会服务。在此过程中，将课堂上的知识讲解与实训操作教学延伸至教学动物医院，使同学们在校期间就零距离接触行业内的各个工作环节，具备更强的创新创业能力，同时，将教学动物医院打造为具备教学、科研和社会服务能力的、全国一流的“三合一”实践育人共同体。根据各位导师的专业方向，组织导师参加不同内容的行业培训与交流活动，使导师掌握行业发展前沿信息，具备培养精英学生的专业素养。以师生双向选择为基础，既增加学生参与的主动性，学生可以根据自己的兴趣和实际需要选择适合自己的导师实践团队，又调动老师教学的积极性，将有效知识进行有效传递，提高教育教学质量。制定课程标准，指导学生实习、就业，实施全方位合作，学生在教学动物医院所从事的工作，就是工作后所面临的岗位工作内容，通过在校期间的成长，使学生具备较强的实践能力，毕业后可以直接从事岗位工作和自主创业。动物医院日常接诊大量患病动物，教师在诊疗过程中同时可进行科研活动，可进行本地区人兽共患病疫情调查、疾病疗效对比分析、药品研发等项目。专业依托动物医院，完成浙江省新苗人才计划一项，校“3+X”项目 5 项，进行校博士科研，进行院博士科研启动项目一项，带出一支学生科研助手队伍，发表学术论文 11 篇。经过系部和专业的不懈努力，成立了宠物科学研究所，服务温州宠物行业的发展，引领时尚农业的发展。学生组建宠物义诊实践团队，与温州网合作，在苏宁联合广场和世纪广场举办了健康养宠知识普及活动，针对到场市民，讲解怎样预防人兽共患病，并进行现场咨询答疑，给宠物进行免费体检、免费护理，以及绝育（去势）手术优惠等活动，引导主人科学饲养宠物，提高了该校社会影响力，促进了温州市宠物行业健康发展。在活动过程中，提升了学生的实践能力。组建宠物医疗实践团队，团队成员分别负责宠物医院内各岗位，履行相应岗位的职责。值班医生的临床诊疗同时又是现场教学，使团队成员在跟诊过程中学到了扎实的实践技能，经过一段时间的实践，团队成员均能胜任各自的岗位，使同学们在校期间就熟悉了宠物医院的运营流程，熟练掌握了相关技能，毕业后可直接胜任宠物医师助理岗位或自主创业。

第二节 挖掘高校特色服务高职实践育人共同体建设探索

高职院校实践育人共同体建设需要紧扣高职院校自身的特色来开展，这是发展趋势。高职院校由于立足地方，办学的特色各不相同，这也必然导致各高职院校实践育人共同体建设的不同。下面我们以温州科技职业学院为例进行说明，这所高职院校是以“农”为特色，建立了以创业教育来引领的实践育人共同体建设。

一、搭建对接专业实践育人共同体

高职院校立足专业，每个二级学院建立自身实践育人共同体，比如温州科技职业学院在农类三个学院各搭建了相对应的实践育人共同体——专业创业园。动物科学学院开设动物医院，实现创业与技能相结合，即学生分批当值班医生，提升技能水平，为创业做准备。农业与生物技术学院搭建现代农业创业园，实现创业与实训相结合，实施“高年级生产、低年级实训”，即高年级学生分小组承包大棚生产，并在导师的指导下引进新品种、新技术进行研发创业，低年级学生到高年级学生承包的大棚中实训。农业创业园位于温州科技职业学院东校园，主要是大棚为主，为涉农专业的大学生开展种植创业提供服务，农业创业园占地 10 亩左右，是学生试验自己研究的新产品的场所也是种植销售农产品的场地。园林水利工程学院设有农业创意园与植物智能工场，实现创业与研发相结合，即实现学生植物水培研发、培育、营销一体。近三年，在专业创业园中创业实践的学生共计千余人，占农类学生总数的 2/3 以上。如优秀毕业生朱英，毕业后创办瑞安市展鹏农业综合开发合作社，是浙江省示范性专业合作社，现有社员 254 人，固定资产 1320 万元，带动农户 600 多户。在校外搭建了大学生现代农业创新创业基地，分别是在永嘉古庙有 100 亩地，瓯海泽雅有 10 亩地，还有学校的种子种苗科技园 50 亩地，都是提供给学生开展现代农业创业的场所，也是让学生实践的场所，这些场所，不仅涉农专业的大学生参与其中，更有很多经贸类、信息类的学生参与其中，形成了不同专业学生优势互补、共同创业的良好的局面。

二、构建“师导生创”实践育人共同体

导师是指给予学生指导、指引、教导的人，包括校内专职教师、行政教师、管理人员、科研人员，校外企业家、企业管理人员、各行各业专家、公务员、学者等。项目包括校内外导师的科研项目或创业项目、学生自己的创新创业项目、合作企业或合作社的项目、学校自身的教学计划项目如实验实训项目等。团队是指由多名学生组成的，有着共同目标的一组人，包括创新创业团队、科学研究团队、创意团队、实验实训团队、公益活动团队等。

所谓“师导生创”实践育人共同体是指以项目为依托，以学生团队为单位，在导师指导下，学生团队开展该项目创新创业实践，从而培养学生经营管理能力、创新创业能力、风险管理意识等。其关键在于学生团队是创新创业实践主体，必须自我承担所有经营责任，自负盈亏，导师以指导者的身份参与其中，给予及时指导。比如无土盆栽项目，起初商品花卉专业叶同学发现每次专业实践课程后，都有许多同学们制作的盆栽被丢弃，他觉得非常可惜，他想“为什

么不把这些盆栽卖给其他专业的同学们呢”，有想法后他就开始实践，收集盆栽售卖，没想到盆栽还挺受同学们喜欢，就此开始盆栽售卖。辅导员应老师了解情况后，与叶同学进行沟通，深入了解其经营过程中存在的问题，叶同学表示存在盆栽品种单一、创新性不够、发展资金不足、自己一个人没人协商帮忙等问题，很想能得到老师的帮助与指导。应老师了解情况后，及时给予了指导和帮助。首先，帮忙组建导师组，邀请专业技术专家余老师担任该项目技术导师，应老师担任日常运营管理导师，施老师担任项目参加各类竞赛指导导师；其次，指导叶同学组建自己的创业团队，根据该项目特点，寻找擅长园艺技术的同学负责盆栽二次修饰以及新品种开发，寻找市场营销专业的同学负责产品营销及市场拓展等；第三，筹措资金。购买盆栽盆、运输工具车、独特盆栽苗、新品种开发等都需要用到资金，学生创业团队自己出资一部分，另外先后两次向学校贷款 17000 元。在导师指导下，创业团队基本形成，并研发出无土栽培盆栽系列，不仅满足了学校内部需要，更是将业务拓展到全市各大企事业单位，营业额也逐步攀升，不到一年时间，还在校的几位学生就创立了盆栽科技有限公司，开展盆栽产品研发、设计、制作、生产、销售、株摆等业务，深受市民喜欢。盆栽项目是“师导生创”路径下成功孵化出的众多项目之一，这种路径由于学生是自负盈亏，极大激励学生自主创新创业能力，导师的及时指导，更重要的是导师将自己的一些研究成果等免费提供给学生开展创新创业实践，不仅让学生能少走弯路，更让学生掌握创业的核心竞争力，也能很好地实现学校培养创业人才的目标。近年，通过“师导生创”路径，已经培养了 1000 多名农科专业学生。

案例 2：

小番茄成就大梦想

一名戴着眼镜的“年轻的农民”成为众多温州科技职业学院学生每到中午都期盼见到的人，大家都等着抢购他种植的小番茄。“年轻的农民”叫姚冬冬，来自浙江湖州。事实上，他就是温州科技职业学院2009届的毕业生。2012年姚冬冬从设施农业专业毕业后便留在了温州，在灵昆岛上租了几个大棚，成为了一名专业的“大学生农民”。

温科职开启“创业梦”

1991年出生的姚冬冬是个皮肤黝黑、阳光洒脱、还透露着稚气的大男孩。不过别看他年纪小，做起事来却很成熟稳重。去年一毕业他就通过土地流转，在温州瓯江口新区灵昆镇周宅村承包了5亩设施塑料大棚，从事特色樱桃番茄栽培种植。他所栽培的樱桃番茄的与众不同之处是采用蜜蜂授粉。姚冬冬很专业地解释到：“普通的人工授粉，易出现畸型果，果实口感也不好，而蜜蜂授粉是有选择性的，不是有花就采，而是选择那些健壮鲜艳的花朵，使得有效花朵得到充分利用。蜜蜂授粉及时、授粉充分，花粉萌发快而且受精完全、果实品质好。现在市场上蜜蜂授粉的樱桃番茄可卖到10块钱一斤，而且供不应求。”问起他是怎么想到创业的，他说，这都得益于他的母校温州科技职业学院的“导师+项目+团队+基地+农户”创业教育模式，给他开启了“创业梦”。温州科技职业学院是全国唯一一所在农科院基础上建立的，又同时挂农科院牌子的高职院校，也是全国唯一一所同时承担高职教育和农业科研职能的高校。学院通过“导师+项目+团队+基地+农户”的创业教育模式，以导师项目为基础，在院建立创新创业项目工作室，在外联合基地与农户，逐步增加学生创业载体建设，使师生联合共同参与创业，培养学生的创业意识，给予学生创业机会。

大学生种田很特别

蓝色沾满泥土的长工装、一双有点破的透气凉鞋，如果不是戴着眼镜以及一张还略显稚气的脸，很难想象姚冬冬是一名刚刚离开大学校园没多久的毕业生。“农民”和“大学生”两个在常人思维中具有相当反差的身份，似乎很神奇地结合到姚冬冬的身上。姚冬冬的种植大棚位于灵昆岛上的周宅村附近。这里有一大片的种植园，姚冬冬的五个大棚散落在周围村民的蔬菜种植大棚之间。周围的很多村民都说，初次见到姚冬冬的时候，根本想象不出他会选择当农民，更不敢相信他也会种菜。出乎大家意料的是，姚冬冬不仅会种菜，而且种菜的方式和大家不一样，还能种出大家都没见过的黑色小番茄。

虽然平常都是一身泥土，而且大棚的平均温度经常在 40℃以上，姚冬冬还是很享受“农民”的身份。“早上 9 点去果园，11 点左右回来，下午 3 点去，6 点回来。虽然有时候有点累，但是我觉得挺自由，这样挺好。”

小番茄里有大科技

姚冬冬的“农民”身份事实上已经有了几个年头。大二的时候，他就向学校老师争取了温州科技职业学院东校区的一个大棚，开始自己实验种植一些果蔬，这算是他的“种地初体验”。立志毕业后成为一名大学生农民的姚冬冬，随后又找到位于灵昆岛上的这个种植基地，留在灵昆岛当起了专业农民。姚冬冬说，之所以远离老家，继续留在温州当农民，一方面是他对这里的感情，另一方面还可以依托科技学院这个“家”在技术等方面对他的支持。“越来越多的农民选择了打工，放弃了农业。但是，农业总得有人去做。我觉得大学生拥有着一定的技术，尤其是像我这个专业出来的，还是有优势的。同时，对于大学生自主创业，国家有扶持政策，学院里也一直在各方面给予我大力支持。所以，我觉得选择留在温州在农业方面自主创业一定会有前途。”

姚冬冬种植的主要品种是小番茄。不过，和传统市面上看到的小番茄不同的是，姚冬冬种植的小番茄是“五色番茄”，除了有罕见的黑色、白色等颜色外，口感等也更佳。当然，种植方式对技术条件的要求也更高。姚冬冬说当好一个农民，真的不是一件简单的事情，更需要懂科学：“由于品种优异，对环境的要求很高。小番茄的皮薄，不适合露天种植。露天种植，小番茄容易开裂。另外，由于是大棚种植，对病虫害的防治更为重要。不仅土壤要选择，育苗时要把苗床和生产温室分开，育苗前先彻底消毒，幼苗上有虫时还要定期植前清理干净。另外，我授粉都用欧洲进口的大雄蜂授粉，每一只大雄蜂买过来就要五元。”

农业也能成就梦想

姚冬冬的 5 个大棚共投资了十几万元。为了运货方便，他刚刚买了一辆小面包车。他说，今年如果能够稍微赚点就满足了。如今，他的小番茄是科技学院师生每天中午竞相抢购的紧俏商品。过去的三个月，他销售的数千斤小番茄绝大部分还是卖给了过去的老师和学弟学妹。

“家里人”的支持和喜欢虽然让姚冬冬感到欣慰，但也令他感到不安，他希望自己的小番茄能够迅速打开市场，而不是只限定在学院里。“相对与市场上的小番茄，我的产品属于中高端，成本投入要高得多，价位是要高一点的，但是市民不了解两者的差别。所以，市场现在还没有打开。我的产品其实还适合大型超市、星级酒店。不过，目前这还有点难。另外，种植和销售都是我一个人在做，也忙不过来，只能当先了解一下市场吧。”

不过，姚冬冬对自己的产品很有信心。他相信“好的东西，不怕没人要”！如今他正在凑钱，希望尽快将自己的种植大棚从5个扩展到15个。其中，有10个大棚要连在一起，这样可以发展多种作物的种植，引进高山水果、蔬菜等。远期，他希望能够围绕种植园发展农家乐，发展亲子采摘和旅游项目。

姚冬冬创业有个“好搭档”，那就是他的同窗，也是他女友——何蓓蓓。何蓓蓓也是温州科技职业学院毕业生，现在由他们两个在经营这个农场，何蓓蓓说：“我现在所做的是我们的“生活”（温州话，“谋生”的意思），也是我们的事业，更是我们的梦想，既然选择了，我们便只会风雨兼程。”他们很感谢温科职院三年专业的、系统的设施蔬菜生产技术的教育，他们信心足、热情高，坚信自己一定能干出一片新天地。

广阔的农村天地是大学生创业的良好舞台，现代农业也在呼唤青春的力量。姚冬冬他们创新农业经营理念，敢于采用先进的生产技术，为现代农业注入了青春的活力。他们正顺着时代发展的巨轮，载着田园创业的绿色梦想，朝着更高更远的目标前行。我们呼吁，越来越多的年轻人带着他们的知识，怀着他们的激情涌向农村、奔向田野，将建设新农村作为他们的梦想。而这也正是温州科技职业学院育人的目标，她正在努力地培养更多的“姚冬冬”“何蓓蓓”。

（温州都市报、温州教育网等媒体报道过此典型案例）

分析点评：大学生创业实践还需借助母校实践育人共同体，姚冬冬的蜜蜂授粉番茄其实也是温州科技职业学院教师的科研项目，他是在老师的指导下开展研究工作的，主要依托的就是温州科技职业学院的“导师+项目+团队+基地

+农户”创业教育实践育人共同体，使他能借助蜜蜂授粉五色番茄创业实践，在他毕业后在选择创业的地点的时候，他也考虑到了母校的科技支持，选择了留在温州开始他的创业实践。三是现代农业创业也需要其他创业实践所需具备的条件，创业者要能吃苦耐劳、要有一个良好的创业团队、要有不断创新的精神、要懂得经营管理等。

三、构建“师创生学”实践育人共同体

所谓“师创生学”实践育人共同体是指以导师项目为依托，学生以团队为单位，导师运用专业技术开展创新创业实践，学生团队跟随导师学习，从而培养学生技术应用能力与创业能力。其与“师导生创”的不同点在于导师开展创新创业实践，包括品种选育、专利发明等创新性活动以及成立创业工作室开展创业实践，其运营主体是学生，但是学生不承担盈亏，由学校或导师自身来承担，而且项目具有长久性，不随学生毕业而终结，学生毕业时可以跟导师商量在其他地方孵化类似项目，但是主体项目仍须留在学校内。导师同样要给予学生团队及时指导，立足人才培养这个中心。目前，温州科技职业学院拥有 50 多个涉农教师创新创业工作室，比如朱老师的家庭菜园工作室、裘老师的园康种苗开发工作室、余老师的天使花房创新创业工作室、董老师的博雅茶文化工作室、王老师的田田花铺、康老师的“香叶”叶脉画、刘老师的创意创新规划工作室、徐老师的“筑匠”园林工作室、徐老师的花海植物创意工作室、魏老师的宠物用品创新工作室、李老师的健康饮品工作室、潘老师的星创农业开发工作室、吴老师的香草植物开发工作室、王老师的“一米花园”工作室等。每个创新创业工作室都是结合专业的，由一至多名导师牵头，6～16 名学生作为

一个创新创业团队参与其中，比如食品加工专业的徐老师的时光烘焙工作室，当前由项同学等 8 位参与其中，除徐老师外，还有邹老师和潘老师共同担任导师给予指导，主要是从事蛋糕烘焙技术培训、亲子活动以及蛋糕饼干的售卖等业务，该工作室已经在学校运营多年，形成了项目持续运转、不同学生轮换参与的运行机制，有效培养了学生的食品加工专业技术和经营管理能力等。又如农业与生物技术学院的食尚农耕夏令营项目，由邹老师牵头负责，主要从事青少年体验农耕文化夏令营活动，学生作为主要的参与者参与其中，给予青少年农业方面的知识教育，同时也包含了蛋糕烘焙技术等教学实践。温州科技职业学院每年都会举办大型的导师创新创业工作室项目对接会，让学生结合申报工作室，作为团队成员之一参与。近年，通过“师创生学”路径，已经培养了 1500 多名农科专业学生。

四、构建“师导生研”实践育人共同体

当下，高等教育的专科、本科教育阶段，对于学生的科研方面能力的培养显然是不足的，毕业要求也仅仅是以一篇论文或一个毕业设计为主要考核指标。特别是高职类学生的自主创新意识相对较弱，科学研究能力不足，但是动手能力强，思维开阔，是优势和劣势都十分明显的一个群体。基于此，让导师指导学生开展结合专业的科研实践活动，能弥补短板、发挥长处、促进学生专业技术能力的培养。“师导生研”的主要特点是：一是要有本专业具有一定科研能力的导师，导师可以是校内的也可以是校外的；二是一位导师可以带一个学生团队或多个学生团队开展研究实践；三是要有具备科学研究的实验平台，平台可以在校内也可以在校外；四是政府、企业、社会、学校要给予政策、经

费等支持。很多高校开展“师导生研”培养实践探索，例如温州职业技术学院作为国家示范高职院校，拥有强大科研团队和经费支持，以技术研发大楼为依托，每个研发平台对接一个大学生创新创业团队，创业团队充分利用研发平台，以服务创客群体和满足个性化需求为目标，在导师的指导下，开展新技术研发工作，近三年学校为企业提供技术研发 580 项，获授权专利 500 余项，科技到款 3000 余万元。涌现了一大批技术人才，比如温州市最年轻的上市公司董事长卢成堆等一批典型创新创业学生代表。

案例 3：

大学生研制新型茶叶闯市场

在温州科技职业学院大学生创业园工作室，几名大学生正忙碌地进行网上答复、打包茶叶寄往外省。两年前，这种由佛手和大红袍搭配的茶叶新品由该校大三学生李前华发明，如今已卖出 2500 多斤。李前华在家乡福建安溪县建立了佛手种植合作社，在家乡农户和温州电商之间搭起了桥梁。

大学生研制新型茶叶，把佛手引回老家

2013 年底，李前华获得了第五届浙江省大学生职业生涯规划大赛决赛“最佳规划之星”称号。他的点子就是将佛手和大红袍搭配在一起，使之成为一种新型的保健茶叶，去年底这种茶叶及其制备方法获得了国家发明专利。

李前华是一位怀抱创业梦来温求学的普通大学生。一次，他喝到金华同学带来的佛手感觉很不错。佛手疏肝和胃、化痰止咳，在金华是颇受欢迎的保健品。“我家的茶厂成立于 1987 年，做茶叶时间很久但没有突破。”李前华说。其实是因为在学校创业园里实践，并在老师的指导下，抱着尝试的心态，李前华最终研发出了新茶，取名“香橼”。当年仅仅两个月，新茶销售出三百多斤。2014 年，李前华成立了温州市瑞草堂茶叶有限公司，由于市场上没有类似产品，这种茶叶也成为了公司里最有潜力的品种。

就读经贸专业的他发挥所长，采取线上线下结合的方式经营：一方面在温州和老家开设两家门店作为销售、体验和宣传的窗口，另一方面在阿里巴巴开设电商平台进行分销，两年不到就卖出茶叶 2500 多斤。马上迎来秋冬茶叶销售旺季，他预计今年的销售额将超过 100 万元，销售量突破 5000 斤。

为了保障货源的安全，他去金华考察佛手种植情况，并和当地农户取得了联系。李前华了解到，金华的佛手和福建当地的佛手品种不同，想要制作“香橼”必须要引进金华的品种。去年，他便从金华运回佛手苗，在家乡尝试种植了 30 亩。“刚开始买到的部分佛手苗不好，种植方法也不到位，也付出了一些代价。”他和父亲、堂哥一起研究种植，如今部分佛手已经长出果实，一个多月后就能采摘。

与茶农共建合作社，通过电商做大市场

安溪县被誉为“铁观音之乡”，当地许多农户靠种茶为生。但是近年来经济情况不理想，茶叶收购遇到困难，茶农收入锐减。李前华说，如果之前茶农年收入以 10 万计的话，现在只有 8 万，而且农闲时间增多。

今年 10 月初，李前华找到老家 40 位茶农商量成立佛手种植合作社：茶农负责种植和管理，他负责资金投入和技术培训，茶农和李前华根据销售额七三分成。农户懂种植、有时间，对于多赚一笔钱很乐意，双方一拍即合。

大学创业至今，李前华赚了六七十万，这次几乎全部投入合作社。他从金华引进一万株佛手苗，在安溪县老家种植了 100 亩佛手。除了制茶会用掉一部分，李前华还有其他的想法："当地有医药公司收购佛手干入药，佛手也可以做成盆栽观赏用，销路不愁。"

现在，温州科技职业学院仍为李前华提供工作室，5位在校学弟学妹和他的两位同事分工合作，分别负责客服、发单、分销等，共同创业。"温州是我的起点，也将是我未来的创业地，我的目标是成为温州茶行业的佼佼者。"李前华说。

五、构建"师导生用"实践育人共同体

当下，许多高职院校开展人才培养的共性问题是纸上谈兵、缺乏行动，尤其是缺乏带有示范作用的行动。从国外诸多高校的实践情况看，导师的以身示范作用对学生影响非常大。"师导生用"也是目前高职院校开展的最常见的一种模式，导师指导，学生团队实践，让学生在应用专业技术的过程中得到成长。"师导生用"的主要特点：一是导师的指导和引导是关键，要引导学生技术创新与技术应用；二是学生要勇于实践，敢于尝试，但不一定是运用技术去创业，而是基于应用技术去创业；三是要拓展技术面，本专业技术的上下游产业链都可以包涵在技术应用范围内。例如浙江机电职业技术学院学生在导师指导下，应用技术开发智能穴盘育苗播种机等。

六、构建"师生共创"实践育人共同体

原先教师创业是受限制的，但是由于近期国家出台政策鼓励支持教师离岗创业、学生休学创业，政策制度层面已经放宽，"师生共创"才得以实现。其主要特点在于：一是导师拥有纯熟的专业技术优势；二是导师与学生是利

益共同体，设立股份制，比例由导师与学生自定，盈亏按比例来实施；三是要以项目为依托，以技术为基础，开展的是技术应用的创新创业实践；四是以育人为导向，导师不仅是合伙人，更是教育者，要以培养时代创业者的高度突出育人功能；五是学生团队与教师一起开展专业创新与实践既是一种教学形式，也是一种学习形式，能有力促进学生专业学习，能有力提高学生的经营管理能力。

第三节 树立典型创业案例带动高职实践育人共同体建设

典型案例的带动作用可以实现以点带面的效果，高职实践育人共同体建设也是同样道理，它是检验实践育人共同体效果的有效途径之一。本文主要讲的是通过高职院校实践育人共同体建设促进创新创业人才培养的情况，主要以温州科技职业学院为例。

一、依托实践育人共同体促进学生自主创业

在实践育人共同体里实践的学生，综合素质能力得到了有力的提升，促进了学生毕业后的自主创业，这类例子比较多，如温州科技职业学院动物科学学院的学生结合专业开展创业实践，而无一例外的，他们都在学校实践育人共同体动物医院或牧场实践过、学习过。宠物医学 14-2 班李硕自主创立的 CKU 卡塞尔犬舍坐落在永嘉县北城街道岭后村村口，占地四亩，场地建设总投资十四万元。拥有一间会客室，一间产房有七个产窝，一间待售幼犬房和二十个笼舍可供寄养和训练。犬舍主要方向是一般宠物店销售犬的繁殖和 CKU 注册犬的

繁殖，销售方向放在中高端市场。繁殖的犬种有捷克罗素梗、美国斯塔福郡梗犬、迷你宾沙犬、边境牧羊犬、西伯利亚雪橇犬、巴哥犬。一对捷克罗素梗中的种公为世界登陆冠军小威力，种母由意大利引进。迷你宾沙犬一公两母均是由欧洲引进。美国斯塔福郡梗犬为三代犬，只有一母，目前还在观望市场。畜牧兽医 10-3 班宫雯雯创立湖州艾米宠物医院，2012 年宫雯雯在杭州佳雯宠物医院美容部学习了 C 级宠物美容；2012 年 11 月在湖州泰斗宠物诊所工作时先后担任宠物美容师助理、宠物美容师；2013 年 6 月成立了湖州艾米宠物医院，主要做宠物美容、活体售卖、宠物婚配，虽然门店不大，但年营业额却能达到 20 万。畜牧兽医 07 级学生项勇，康地和能养猪事业部浙江地区代表，2014 年自主创办台州伟胜养猪合作社，主要负责养殖场的繁育、养殖、管理、加工、销售等。他希望在未来的发展道路上，能够将自己的合作社的规模扩大，联合其他农户将其打造成统一的采购、销售，争取将自己的合作社打造成与温室集团相媲美的企业。逐步完善产业链，形成一条龙生产。畜牧兽医 08-1 班杨君君技术入股瑞安市佳雯宠物医院，担任佳雯宠物医院瑞安分院院长，从年收入 10 万左右的医生，变成了老板。所以，梦想还是要有的，你去努力了，一定会离它越来越近。

二、依托实践育人共同体开发新产品

实践育人共同体不仅能促进学生自主创业，而且能让学生依托这个共同体实现产品开发工作，温州科技职业学院学生在教师的指导下，自主开发了“绿色牛奶”——小麦草汁，收到了市场广泛好评。

案例 4：

开发“绿色牛奶”——小麦草汁

中国古代著名医药学家李时珍在《本草纲目》中这样描述小麦草（麦苗）：“味辛、寒、无毒，主治消酒毒、暴热、酒疸、目黄。并捣烂绞汁日饮之，又解蛊毒；煮汁滤服，除烦闷，解时疾狂热、退胸膈热，利小肠。”一把小小的青草，居然有多种不可思议的疗效。近年来，采用“生机饮食”方法来治疗各式各样疾病的人不断增加，这种疗法的神奇功效逐渐受到世界各地科学家的注意，国外有很多人喝小麦草汁作为保健饮品，在国外有许多小麦草饮品店，就像国内开奶茶店那么普及，小小一杯现榨小麦草汁竟卖到至少十元。

科学研究证实：小麦草除了含有大量活性矿物质、蛋白质、维他命、微量元素之外，它的分子成分结构与人的血液分子极为相似，现在临床记录证实的疗效包括：抑制癌细胞生成，产生抑制细菌滋生繁殖的环境，清除体内铅、镉、汞、铝、铜等有毒金属，平衡血糖、清肝，降低高血压，清除各种毒素，促进血液流通，减肥，促进伤口愈合，清除口腔毒素、口臭，防止蛀牙等数十项。

温州科技职业学院农业与生物技术学院的学生看到了其中巨大的市场，于是他们结合自身所学的绿色食品生产与经营知识，与学院教师的科研项目结合，用特别研制的培养液培育小麦草，使之所含营养成分更丰富、更保健。目前他们成立了“束腰农业科技工作室”，主要经营业务包括销售小麦草鲜品、小麦草汁饮料、小麦草冰激凌、小麦草饼等。“束腰农业科技工作室”的运作模式是先在校内进行宣传，初步建立市场渠道，然后寻找典型客户，同时完善小麦草饮料品种及质量，并在此基础上将市场拓展到校外。小麦草汁的校外客户主要为一些时尚饮品店及酒店，该工作室生产的小麦草饮料供不应求。创业团队计划在公司发展进入成熟期后，采用连锁经营（直营连锁+特许加盟连锁）的模式，以社区为基点开展连锁经营，这样既方便了居民购买，也保证了小麦草的新鲜，让小麦草汁成为大众消费的“绿色牛奶”走进家家户户。另外，“很多注重养生保健的市民都喜欢将水果、蔬菜榨成汁喝。其实小麦草榨汁喝起来更健康。”温州科技职业学院的大学生正研制小麦草“绿色”饮料。“小麦草属于鹅观草属，其实就是小麦苗。小麦草榨汁喝在国外非常盛行，但在我国市场还属空白。”

同学们在平时的书籍阅读中发现了小麦草的神奇功效，所以有了着手研制小麦草系列绿色食品的想法。种子如何浸泡发芽才能长得好？小麦草与饮用水的比例多少才显得口感好？香味要怎么调和？营养成分比例怎么计算……为了攻破一个个难题，三个年轻人一有空就窝在实验室内，一会儿侍弄泥土，一会调制种子营养液，一会计算公式。“小麦草饮料的口感度与香味，我们都已经研制得差不多了。现在着手考虑的是如何保证新鲜饮料的稳定性和保质期。”来自台州的张春燕说，他们希望能研制出可以罐装生产的小麦草饮料，便于推广。“这个目标应该不会远了，目前我们已经递交了饮料生产技术的专利申请书。”作为系列食品，还研制出了小麦草冰激凌、小麦草饼等，这些绿色食品也在农博会上与市民见面了。

在束腰小麦草工作室，三名学生亲手演示了小麦草饮料的简化版制作流程：将 40 克小麦草和 200 克的矿泉水放入榨汁机榨汁，第一次榨汁完毕再放入 200 克矿泉水二次榨汁，最后再放入 16 克白糖搅拌均匀就成功了。这杯纯天然饮料闻起来是浓郁的青草香味，记者忍不住也尝了一口，感觉口感非常好，清淡甘甜、齿颊留香，青草余味久久不去。这种小麦草饮料，市民也可以自己做着喝。束腰小麦草工作室为我们介绍了制作方法：

（1）种植：把小麦草种子放入水中浸泡 7～12 个小时，中间换一次干净的水。将浸泡好的小麦草种子放入垫有纱布的不锈钢盆中，遮光处理放置一两天，每天浇两三次水，直到小麦草种子发芽。将发芽后的种子放在微光下进行光合作用，每天浇一两次水，大概 10 天后小麦草就可以收获了；

（2）制作：将小麦草割取后，放入榨汁机中，小麦草和饮用水的配比最好为 1:10（水可以分两次加入），榨好的小麦草汁可加入适量的蜂蜜、白糖或水果汁，使口感更香甜。新鲜小麦草汁需在 2 小时内喝完。

（中国教育报、温州商报等媒体报道过此典型案例）

分析点评：“绿色牛奶”——小麦草汁项目是依托学校实践育人共同体的平台，不仅能培养一批在社会上创业实践的创业者，而且还能进一步培养在校的大学生，让这个项目充分发挥其培养大学生创新、科研能力的功能。我们可以得到以下几个启示：一是在培养大学生的创新精神、科研能力方面，最好的方法就是让他们亲自动手开展研究工作，在研制小麦草饮品的过程中，通过不断的探索研制出了制作方法。二是大学生创业要紧扣时代脉搏，这个时代需要什么，消费者需要什么，大学生就从这个方向开始探索实践，就像小麦草紧扣绿色健康主题。

三、依托实践育人共同体结合专业创业

目前，在开展创业教育的各个高校中普遍存在两种矛盾的现象。一是大部

分学生是从事着没有技术含量的“摆地摊式”的创业，如售卖日用品、售卖水果等。这种创业往往是很难成长为企业的，主要原因是没有核心技术、没有核心竞争力，即使一个未受过高等教育的普通人干这个活也能干得很好，有可能还更出色。另外一个现象是教授从事科研能力非常强，有很多拥有核心技术的研究项目，但是这些项目一般都是停留在实验室里，没有转化到现实生活中，得不到应用。那为何不能将教师的科研成果让学生来运作到实际生活中呢？一方面能提升学生创业实践的成功率，另外一方面能充分发挥高校科研的作用与价值。温州科技职业学院立足于学校实际，以农业科研的优势为立足点，将农业科研成果提供给学生创业，让学生“拥有核心竞争力”的创业，让学生开展专业型创业。

案例 5：

一步一个脚印——农生学院陈海根

陈海根，温州科技职业学院农生学院绿色食品生产与经营专业的省优秀毕业生，现就职于温州多美丽餐饮有限公司，担任门店店长。

陈海根同学在校期间就特别的优秀，他能够认真学习专业知识，在 2009—2012 年期间，连续五个学期均获得校一等奖学金。他积极参加各项活动，曾获第三届浙江省大学生职业生涯规划大赛高职高专组“十佳职业规划之星”称号；获温州科技职业学院第三届“志强之星”称号；2011 年浙江省大中专学生志愿者暑期文化科技卫生“三下乡”社会实践活动“先进个人”称号。工作上，他也尽心尽职，在任学生会副主席期间，组织开展了第一届“平安校园”知识竞赛活动等多项活动，并获得了学校“部门工作积极分子”称号，“优秀团干部”称号，“优秀学生干部”，温州科技职业学院“成人模范”称号等多项荣誉。

毕业后，优秀的他将良好的习惯带到了工作岗位，通过自身的努力很快得到了公司领导的高度评价，在公司短短的9个月时间，他就破格晋升为助理代店，担任一家店的店长，成为了公司的一名优秀员工。陈海根仍然十分的谦虚，他说：“‘路漫漫兮其修远，吾将上下而求索’，在未来的生活中，将以百倍的信心和万分的努力去迎接更大的挑战，用辛勤的汗水和默默的耕耘谱写美好的明天！”

小小盆栽种下甜甜致富梦——园林学院叶灵通

一株株平淡无奇的植物经过叶灵通的手修剪、绑扎、搭配后，变成了形态各异、造型美观、妙趣横生的盆景。小小的盆栽，成就了叶灵通的致富梦想。

叶灵通来自丽水农村，是温州科技职业学院园林学院商品花卉专业的毕业生，于2010年1月8日注册成立温州芳邻盆栽科技有限公司（简称“芳邻”），这是一家集盆栽产品研发、设计、制作、生产、销售为一体的盆栽品牌公司。2010年10月12日注册商标“芳灵”，他们的目标是将“芳灵”品牌水培产品开发成专卖连锁店、代售店、加盟店，成为市民的好邻居！“芳邻”目前拥有的产品有水培盆栽、土培盆栽、各式功能特色及组合盆栽、盆景、大型盆栽等；提供的服务有制定设计、送货上门、养护管理、植物更新、租赁、室内植物摆放设计等。针对市场需要，“芳邻”开发了几个系列的盆栽产品并提供相应的服务。如高校师生系列：针对高校师生对办公室和寝室的绿化摆设的需求而设计。“芳邻”主要是实行实体销售与网络销售相结合营销模式，有三间实体店，同时与奥康集团、润德文化传媒有限公司、GM鞋业公司、绿藤农业开发有限公司、温州七幼等单位进行合作；在网络销售方面，芳邻拥有自己的网站和淘宝店铺。叶灵通在校期间就十分善于抓住机会营销自己与产品，积极参加各类创新创业比赛，也获得了不俗的成绩，如获得温州市首届大学生创业之星挑战赛优胜奖、浙江省第四届大学生“创意、创新、创业”电子商务挑战赛二等奖、浙江省高职高专“挑战杯”竞赛三等奖、全国高校首届大学生“创意、创新、创业”电子商务挑战赛三等奖及全国个人十佳优秀奖等。

经过他在校三年的努力，毕业的时候，已经成立了温州芳邻盆栽科技有限公司，月收入在万元以上，也带动了其他同学就业。据悉，“芳邻”盆栽的前景很好，除温州科技职业学院的销售点外，在浙江工贸职业技术学院附近也已设置了一个销售点，温州大学瓯江学院也特别为其提供一个免费的小店面，并且已与20多家单位达成长期合作的意向。叶灵通的计划继续完善销售网点建设，并以此为基础进一步发展经营规模，使“芳邻”盆栽有朝一日能成为温州盆栽的第一品牌。这小小的盆栽，已种下了一份甜甜的致富梦想。

农类专业大学生回乡当农场主——动科学院李闪闪

有一位大学生，一毕业就回乡创办了星荣家禽专业合作社，主要从事番鸭、生猪养殖，经过2年的经营，目前年产值逾三百万，成为了一名地道的“农场主”。

他叫李闪闪，1990年出生于衢州常山，2011年6月毕业于温州科技职业学院动物科学系畜牧兽医专业。凭着自己所学的专业知识，毕业时就回乡创办了合作社，开始了他的创业历程。

艰难中起步

他是一个地地道道的农家子弟，家境贫寒，父母渴望他毕业后能找一份体面的工作，安安稳稳地过日子，但是他心中一直有个想法，就是要回家乡开创自己的一番事业，带动乡亲致富。当他向父母提出，自己想回乡办合作社，养鸭、养猪的时候，遭到了父母的一致反对，“我们当初很不理解他的做法，大学毕业了，为什么不好好找份工作，像其他同学一样去企业就业或者去考个农技员之类的，环境好也体面，干嘛非要回家来养鸭、养猪，干这么脏这么累的活，但是这孩子太扭了，不听我们的劝，说什么都要要去试试，看着他这么坚持，我们也勉强答应让他试试”。

父母这关算是过了，但是紧接着面临的是资金问题，他说：“启动资金是当时令我最头疼的事，家境不好，资金从哪里来呢？”当地的团县委知道他的情况后，帮忙联系了村镇银行，得到了贷款10万，再加上从亲戚朋友那里借了一些钱，初步解决了启动资金问题。

挫折中成长

“真正开始去创业的时候，才发现原来创业是这么辛苦的，刚运来的雏鸭非常的脆弱，必须靠着煤炉给它加热。那个时候已经是夏天了，天气很热。室外的温度有35度左右，鸭舍内已经超过40度，我每天就是这样干得大汗淋漓的，每干完活出来一次，就要去洗一次澡，感觉好像曝晒在太阳底下一样。”让李闪闪没想到的是，对他的考验才刚刚开始，接下来的事更让他愁眉不展。

“鸭子突然生病了，我不断地寻找原因，还给鸭子打针吃药，但是不见好转，每天死亡率还越来越高，就在我的心血看着就要付之东流时，更加晴天霹雳的事发生了，我爸爸病倒住院了，一下子让我觉得天都快塌了似的。”有些人开始对他失望，让他面临着种种压力和困境。就在这时，温州科技职业学院动物科学系的教师专家及时给予了技术指导与帮助，鸭子的病也逐渐好转。李闪闪感慨道："经过这一次的考验，让我成熟了不少。"

专业中发展

目前，李闪闪的合作社有番鸭现存栏 20000 多只、母猪 34 头、公猪 1 头；年出栏 80000 余只番鸭、生猪百余头，年产值逾 300 万。

"我现在与父辈们从事的农业养殖有很大的不同，主要是我本身在大学里学的就是畜牧兽医专业，我可以用专业技术来养殖我的番鸭、生猪；另外，因为经过了大学的学习，我更加懂得如何管理鸭场、猪场和合作社，也懂得如何控制成本、如何营销我的产品。"

大学生当"农场主"，有其自身的专业技术、管理、营销等优势。接下来，李闪闪的目标是把一个单单的番鸭养殖合作社发展成多元化的养殖企业，在农村的广阔天地中实现自己的"梦想"。

参考资料

[1] 曹胜利，雷家骕，林苞，等．中国大学创新创业教育发展报告[M]．沈阳：万卷出版公司，2011：178-179．

[2] 成丙炎．创业教育示范校建设的基本思路与框架[J]．职教论坛，2009，10：9-10．

[3] 中华人民共和国教育部高等教育司组．创业教育在中国：试点与实践[M]．北京：高等教育出版社，2006．

[4] 彭钢．创业教育学[M]．南京：江苏教育出版社，1998．

[5] 温州大学学院简介[EB/OL].（2017-07-01）．http://cyxy.wzu.edu.cn/xygk/xyjj.htm．

[6] 彭敏．高新技术产业发展及其财政效应研究[D]．武汉：华中科技大学，2005．

[7] 鄂甜．论“新常态”下我国职业教育转型发展策略[J]．职业技术教育，2015（22）：8-12．

[8] 谢志远，邹良影，李上献．区域创业精神与大学生创业教育[M]．北京：科学出版社，2017．

[9] 黄珊．以“四个全面”促进高职教育理论和实践的创新发展[J]．天津中德职业技术学院学报，2015（06）：83-85．

[10] 中国就业培训技术指导中心．中国社会职业发展观察报告[M]．北京：中国劳动社会保障出版社，2010．

[11] 王志昌．高职教育办学定位与办学特色探析[J]，职业教育，2017（24）：249-250．
[12] 杨金土．20世纪我国高职发展历程回顾[J]．中国职业技术教育，2017（9）．
[13] 栾鹏．构建高职教育实践教学新模式的分析[J]，新西部，2015（3）：124-130．
[14] 朱征宇，石宏伟．优化高职教育政校企合作机制的对策分析[J]．吉林省教育学院学报，2017（05）：122-124．
[15] 喻念念．传统文化与高职教育融合研究[J]，理论研究，2017，3：35-37．
[16] 汪建家．我国高职教育教学发展现状及展望[J]．佳木斯职业学院学报，2017（06）：21-24．
[17] 黄利文，王健．导生制在高职教育实践教学中的应用[J]．职教论坛，2016（11）：80-83．
[18] 林叶之，基于“混合学习”理念的高职教育实践教学探讨[J]，当代职业教育，2016（6）：54-57．
[19] 文云．“内外兼训”的高职实践育人模式的探索与实践[J]．林区教学，2015（03）：14-16．
[20] 李小霞，高职教育实践教学体系的构建与培育[J]，产业与科技论坛，2015，14（16）：185-186．
[21] 朱玲，工学结合视域下高职教育实训教学改革的实践与探索[J]，职教通讯，2016（31）：23-26．
[22] 杨春艳，王红梅．德国双元制职业教育对我国高职教育的启示[J]．齐齐哈尔师范高等专科学校学报，2016（04）：91-93．
[23] 谢盛良．国外高职教育国际合作模式比较研究[J]．南方论刊，2017（01）：80-83．
[24] 于志英．高职教育实践教学模式探讨[J]．山东工业技术，2015（24）：298．

[25] 苏国辉；林松柏．台湾建教合作模式及其借鉴[J]．黎明职业大学学报，2008（04）：14-17.

[26] 周圩群．现代学徒制下高职教育实践性教学的几点思考[J]．亚太教育，2015（30）：154.

[27] 邹春．关于新形势下高职教育发展面临的机遇与挑战的研究思考[J]．亚太教育，2015（25）：121.

[28] 李晓艳．关于高职教育体现“高教性”的研究与实践[J]．亚太教育，2016（33）：167.

[29] 章永刚；高建宁；邢丹．“中国制造 2025”背景下专科高职教育发展的理性思考[J]．中国职业技术教育，2016（28）：65-69.

[30] 毛大龙．高职教育发展“三化”与“三跨”理念的若干思考[J]．中国职业技术教育，2016（30）：56-60.

[31] 朱爱胜，孙杰．高职教育培养本科应用技术型人才的问题分析与路径探索[J]，职业技术教育，2017，18（38）：31-33.

[32] 李富．大数据时代世界产业发展的趋向及其对高职教育的影响[J]．教育与职业，2015（18）：14-17.

[33] 王玲启．发达国家高职教育发展趋势及对我国的启示研究[J]．知识经济，2017（24）：16-19.

[34] 李敏．大学生思想政治教育理论探索与实践育人体系建设研究[M]．北京：中国水利水电出版社，2016：146.

[35] 盛文楷．香港中文大学实践育人工作的做法及启示[J]，湖北函授大学学报，2017，30（198）：39-40.

[36] 史明涛，徐丽曼，张利国．国外高校实践育人的经验及启示，中南民族大学学报（人文社会科学版），33（5）：178-180.

[37] 刘承芳．关于新形势下提升高职院校共青团社会实践育人成效现状分析

的调查研究——以湖南汽车工程职业学院为例[J]，科教文汇，2016（366）：91-93.

[38] 刘同国. 大学生社会实践活动现状与发展研究[D]. 济南：山东师范大学，2010.

[39] 实践育人 实践成才——陕西工业职业技术学院用实践平台点亮青年成才梦想[N]. 中国青年报，2016-7-25.

[40] 南京工业职业技术学院构建创新创业实践育人体系[J]. 中国青年报，2018-3-1.

[41] 浙江金融职业学院：将价值引领贯穿学生在校每一天[EB/OL].（2017-03-03）. http://www.sohu.com/a/127820510_349227.

[42] 高飞，李英平. 高职院校实践育人工作机制研究[J]，中共太原市委党校学报，2016（3）：68-70.

[43] 张立保，翁建定. 高职院校实践育人工作的路径探究——以工程类学生为例[J]，黑河学刊，2016（2）：143-144.

[44] 李书安、刘丽. 高职院校实践育人机制的构建[J]. 湖北社会科学报，2014：11.

[45] 许烨. 当代高校教师职业伦理：从德性到共同体建构[M]. 北京：中央编译出版社，2016：224-225.

[46] 亚里士多德. 政治学[M]. 颜一，秦典华，译. 北京：中国人民大学出版社，2003：1

[47] 刘宏达，许亨洪. 我国高校实践育人共同体建设的内涵、问题及对策研究[J]，华中师范大学学报（人文社会科学版），2016，55（5），170-176.

[48] 朱华. 实践育人共同体的构建与实践探索[J]. 学校党建和思想教育，2016：12.

[49] 徐瑾. 高校实践育人共同体：内涵、特征与模式[J]，兰州教育学院学报，

2017，33（8）：121-122.

[50] 北京化工大学全国大学生思想政治教育发展研究中心组. 中国大学生思想政治教育年度质量报告 2015[M]. 北京：光明日报出版社，2016：150.

[51] 理查德·莱特. 穿过金色阳光的哈佛人[M]. 范玮，译. 北京：中国轻工业出版社，2002：48.

[52] J Dewey.Experience and Education[M]. New York：Macmillan，1983.

[53] 金华职业技术学院探索育人新路 在融合培养应用型人才[N]. 人民日报，2016-9-29（19）.

[54] 完善校企合作机制 搭建校企合作平台 创新人才培养模式[N]. 中国青年报，2015-1-19（7）.

[55] 浙江建设职业技术学院现代学徒制探索与实践[EB/OL].（2017-12-21）. http://www.jyb.cn/xwwyyq/jyxx_jyxx/201712/t20171221_897427.html.

[56] "预就业"育人体系：精准育人的助力器[N]. 中国教育报，2017-6-14（07）.

[57] 王向红，陈雪珍，刘海明. 高职院校有组织的企业实习模式与实践——以温州职业技术学院为例[J]. 职业技术教育，2015（12）：53-57.

[58] 创新校企合作育人模式 苏工院成省示范性高职校[EB/OL].（2015-06-08）. http://www.caigou.com.cn/news/2015060828.shtml.

[59] 产教深度融合 校企协同育人[N]. 中国青年报，2016-7-5（03）.

[60] 祝宝江. 温州人精神简明读本[M]. 杭州：浙江大学出版社，2009：48.

[61] 谢志远，王丹婵，夏春雨. 浙商精神与大学生创业教育[M]. 辽宁：辽宁教育出版社，2008.

[62] 吴光. 试论浙学的基本精神——兼谈"浙学"与浙东学派的研究现状[J]. 浙江学刊，1994，84（01）：50.